AF508982

LIBRO

LA TEORÍA DE LA MALETA

Conecta con tu verdad
y descubre tu más alto estándar
de LIDERAZGO

ALEXANDER DEVIA ESCOBAR

Primera edición, marzo de 2024
@alexanderdevia, 2024
@sentirlavida, 2024
www.sentirlavida.co

ISBN 978-628-01-2792-7
Edición general: Sentir la Vida

CONTENIDO

Segunda parte

MANUAL PARA DESCUBRIR TU MÁS ALTO ESTÁNDAR DE LIDERAZGO

PARA DESCUBRIR QUIÉN SOY ¡PRIMERO DEBO IDENTIFICAR LO QUE NO SOY!

PRIMER PASO: IDENTIFICA LAS LIMITANTES DE TU MÁSCARA

SEGUNDO PASO: BAUTIZA TU MÁSCARA Y SEPÁRALA DE TU IDENTIDAD

TERCER PASO: RASTREA TU INFANCIA Y COMPRENDE LA DINÁMICA DE TU PERSONALIDAD

CUARTO PASO: PERDONA Y LIDERA CON LIBERTAD

- Liberarnos del pasado, para liderar con libertad
- Suelta las cargas emocionales
- Perdonar es reconocer la esencia divina en cada ser

QUINTO PASO: ENCUENTRA LAS VIRTUDES DE EQUILIBRIO

- Cuando dices yo soy… decretas tu "realidad"
- "yo soy…" es el software que debes aprender a programar

SEXTO PASO: TOMA CONSCIENCIA DE TUS DONES Y APRENDE A CONECTARLOS CON TU PROYECTO DE VIDA

- El compromiso espiritual de los dones
- La mayor virtud

SEPTIMO PASO: CONECTA CON EL SENTIDO DE TU EXISTENCIA

- El propósito interior
- El propósito exterior y el sentido de la existencia
- El mundo está enfermo de desamor

OCTAVO PASO: RESIGNIFICAR QUIÉN ERES Y PARA QUÉ ESTÁS AQUÍ

- La llave que abre la ventana hacia el infinito
- Manos a la obra ¡inspírate y construye tu nueva verdad!
- Comprométete con interiorizar tu verdad y podrás liderar el mundo
- El poder del amor

Andrea, *cronológicamente...*

Fantasía y motivación.
Realidad y materialización de lo increíble.
Resiliencia y crecimiento.
Compañera, amiga y socia.
Magia y pasión desbordada.

Mi guía, mi luz y...

este libro.

Te amo.

El mundo implora por verdaderos líderes.

Es evidente que la continuidad de la raza humana sobre el planeta está amenazada. Por un lado, están las fuerzas de la naturaleza, que cada vez más y con mayor frecuencia, arrasan con poblaciones enteras como queriéndonos pasar factura por la mala gestión que hacemos de sus recursos naturales. Y por otro lado, aún mucho peor, está la impotencia y desesperanza colectiva causada por la normalización de la decadencia social, que se expande como un miasma de frustración, que anestesia y coarta la libertad de los pueblos y sus comunidades.

Es triste ver como, por la codicia y sed de control de algunos mal llamados "líderes poderosos" que, alienados por la tiranía de una mente egotista, echaron por una zanja la moralidad y se acostumbraron a pasar por encima de sus principios y valores, con tal de alcanzar sus objetivos particulares.

Esta forma de pensar y especialmente en este último siglo, se convirtió en la peor amenaza, ya que los grandes poderes económicos, que son los que verdaderamente deciden sobre el futuro de las sociedades, lograron implantar en las mentes del grueso de la humanidad, una dependencia egocéntrica que bloqueó el flujo de los valores y la moral, adormeciendo sus conciencias, naturalizado la decadencia social.

Es por esto, que hoy vemos sociedades cada vez más codiciosas y materialistas, que, en su afán de progreso, han puesto la ciencia y la tecnología por encima de la ética y la sabiduría del amor, lo que ha llevado paradójicamente al deterioro de la humanidad.

A pesar de que la ciencia ha resuelto varios problemas de la humanidad, no hemos sido contundentes a la hora de usar esos mismos avances tecnológicos para unirnos y ayudar a solucionar las necesidades elementales de las comunidades más vulnerables. Mientras el hambre, la falta de agua potable y de una vivienda digna son el detonador para que existan conflictos en el mundo; hoy vemos con tristeza, como se invierten billones de dólares en usar la ciencia y la "inteligencia del hombre", para crear artilugios tecnológicos que se usan para matanzas en masa de seres humanos.

Es por esto que el mundo necesita con urgencia, líderes justos, honestos y valientes, que reconozcan que existe una visión más elevada del sentido de la existencia que está orientada al bien común. Seres humanos que guíen a la humanidad desde la sabiduría amorosa universal que es la única capaz de trascender las doctrinas que por milenios nos han dividido.

La humanidad requiere líderes coherentes que estén dispuestos a migrar a una mejor versión y se comprometan con poner en práctica los valores y principios espirituales como cimientos de su fortaleza interior, pues es desde la propia transformación personal, como se logrará persuadir e inspirar con autoridad, el cambio en los demás.

Las dos fuerzas primordiales

Cualquier persona que desee aprender a fluir con el devenir de su existencia y dejar una huella trascendente en su camino, primero debe reconocer, comprender y gestionar las dos fuerzas primordiales que, desde el momento de la concepción, nos fueron otorgadas para darle sustentación, desarrollo y sentido a nuestra vida. Y aunque muchas personas las reconocen, pocos dimensionan su verdadero poder e influencia en las decisiones que tomamos día a día.

La primera de esas fuerzas, es la **luz de la Conciencia**. Es la energía heredada de nuestro creador que nos enlaza con la más alta inspiración del conocimiento divino y nos permite sentir que somos uno con Él. Es la fuente de sabiduría innata que nos exhorta a la práctica de los valores y principios esenciales para una vida justa y en equilibrio. Vivir bajo el influjo de la luz de la Conciencia, nos impregna de un poder creativo que nos permite sentir su presencia y con ella, atraer y materializar los recursos necesarios para nuestra protección y total satisfacción de cada una de nuestras necesidades.

La forma en que esta fuerza se manifiesta, es a través de frecuencias de energía y su efecto depende de los estados emocionales en los que decidimos vibrar. Claramente nuestras emociones son algo que no podemos evitar y no son ni buenas ni malas, solo son energía que necesita expresarse para liberar alguna presión interior desencadenada por un estímulo específico. Pero un ***estado emocional*** es algo sostenido en el tiempo que si afecta absolutamente nuestro campo energético y que dependiendo de lo positivo o negativo de ese estado, así mismo será la frecuencia en la que se vibra y se atraerán los resultados afines con ese nivel de conciencia.

De aquí la importancia de darnos cuenta sobre la manera como nuestro sistema de creencias interpreta y reacciona frente a las circunstancias que llegan a nuestra vida, ya que la manera como gestionamos el presente, es un claro indicador de nuestro nivel de conciencia y nos permitirá identificar los pensamientos y emociones que están bloqueando nuestro bienestar integral.

El líder que desee elevar su estándar de liderazgo, necesita indudablemente, mantener una conexión permanente con la voz de su Conciencia, no solo porque es la manera efectiva de tomar buenas decisiones, sino también, esta luz le permite reconocer cuando el ego aparece y quiere tomar el control.

Para lograr esto, es esencial que el líder invierta el tiempo necesario es espacios meditativos y de auto observación que le permitan fortalecer ese vínculo. No es una tarea fácil, sobre todo si la persona, no ha tenido una formación o guía espiritual que le facilite reconocer su poder interior.

La segunda fuerza primordial, es el **impulso del Ego**. Aunque nos han enseñado que este poder es algo negativo contra lo que debemos luchar, él cumple un papel esencial en el sentido de nuestra existencia, no solo porque nos va acompañar hasta el último día de nuestra vida, sino también, porque es la herramienta que se encargará instintivamente de buscar la manera de mantenernos vivos y funcionales.

A diferencia de la luz de la Conciencia, esta energía poderosa solo es útil en el plano físico, ya que depende exclusivamente de la percepción de los cinco sentidos para determinar su realidad, es por esto que desde la gestación empieza a ser condicionada por el "placer" o "miedo" de acuerdo a la satisfacción o insatisfacción que percibió ese ser vivo cuando llegó al vientre de su madre, dependiendo de la sensación de felicidad o malestar que ella pudo experimentar durante el embarazo.

Al momento de nacer y al separarse del confort del útero, el bebe sintió un profundo vacío emocional que dejo esta experiencia y por primera vez el ser humano experimentó la sensación de pérdida o separación (miedo), que fue el detonante para que el instinto de supervivencia del Ego se activara y buscara la manera de satisfacer el deseo de protección. En ese momento el llanto del bebe, se convirtió en el primer ¡grito egocéntrico! con el que descubrió que si lloraba, su madre inmediatamente le amamantaría satisfaciendo su necesidad de nutrición y protección, volviéndolo a conectar con ese profundo estado de equilibrio y bienestar que se asemejaba al útero de su madre.

Fue así como el ego empezó a descubrir otras maneras de lograr sus objetivos de nutrición, protección y afecto a través de un sistema de respuestas automáticas que le permitieran satisfacer todas sus necesidades; Pelear para obtener lo que desea o huir para evitar lo que no le gustaba.

El Ego se convirtió en el guardián de la supervivencia y la fuerza primordial que lleva al ser humano, a enfocarse en su individualidad. Sin embargo, el equilibrio y armonía se pierden, cuando el ego percibe amenaza en su estatus quo y alimentado por el miedo, agudiza su reacción buscando en los factores externos, las diferentes maneras de controlar la situación y recuperar el "poder". Es por esto que una persona poseída por una mente egotista, prioriza los resultados tangibles por encima de las experiencias espirituales, al extremo de sacrificar los valores personales con tal conseguir lo que satisfaga su necesidad individual.

Consciente o inconscientemente, siempre has sentido

esas dos fuerzas en tu interior y cada una de ellas, desde su naturaleza, cumple un propósito esencial en la manera como administramos nuestra vida. La luz de la Conciencia, siendo la guía y capacidad de discernimiento para tomar decisiones y fluir con el devenir de la existencia. Y el impulso del Ego, con la responsabilidad de darnos individualidad, autodefensa y empuje para avanzar y buscar lo que necesitamos para nuestra supervivencia.

Imagina tu vida como un poderoso tren; Los rieles significan los principios y valores sobre las cuales avanzamos; el conductor o maquinista del tren, es la luz de la Conciencia que lleva el control y regula la velocidad de la locomotora; y el impulso del Ego, es el motor que tiene el poder de hacer mover la máquina. Cuando estas dos fuerzas logran sintonizarse sobre los rieles de los valores, tu vida fluye como un poderoso tren capaz de llegar a cualquier destino. Sin embargo, la situación se complica cuando el motorista (**la luz de la Conciencia**) pierde o cede el control y la locomotora (**el impulso del Ego**) avanza desenfrenado con su fuerza, llevándose por delante cualquier obstáculo que se interponga en su camino, incluso hasta salirse de la guía de los valores y terminar descarrilado.

Este es el verdadero reto que tiene el ser humano que desee convertirse en un líder de alto impacto, mantener el tren de su vida sobre los valores y principios que guíen sus decisiones. Para lograrlo debe aprender a identificar esas dos fuerzas y desde una Conciencia presente, ser capaz de regular los impulsos del ego para que pueda evitar que la mente egotista, carbure sus emociones con pensamientos inefectivos que siempre dejan una estela de destrucción y dolor a su paso.

El líder que anhele elevar su estándar de liderazgo, necesita indudablemente, mantener una conexión permanente con la voz de su Conciencia, no solo porque es la manera efectiva de tomar buenas decisiones, sino también, esta luz le permite reconocer cuando el ego aparece y quiere tomar el control.

Para lograr esto, es esencial que el líder invierta el

tiempo necesario es espacios meditativos y de auto observación que le permitan fortalecer ese vínculo. No es una tarea fácil, sobre todo si la persona, no ha tenido una formación o guía espiritual que le facilite reconocer estas dos fuerzas.

Algunos de los indicadores que evidencian que cada vez más estamos viviendo en consonancia con la luz de la Conciencia, es que desarrollamos la capacidad de contenernos y ser más proactivos, pacíficos y reflexivos en circunstancias donde anteriormente perdíamos fácilmente la paz. Nos tornamos más sensibles y comprensivos con los puntos de vista de los otros, sintiendo mayor empatía y un genuino deseo de servirles y ayudarles a alcanzar sus objetivos. Despertamos la imperiosa necesidad de conectarnos con la naturaleza e interesarnos por las causas ambientales y sociales.

Expandir nuestra conciencia nos impulsa a querer cuidarnos y velar por nuestro bienestar integral, nos vemos cambiando la manera de alimentarnos e incluso iniciar o realizar con mayor intensidad prácticas deportivas que recargan nuestra energía.

Pero el indicador más relevante de que estamos viviendo bajo el influjo de la luz de la Conciencia, es que ponderamos las cosas esenciales de la vida y comenzamos a confrontarnos y hacernos preguntas más profundas, enfocadas a querer comprender el sentido de nuestra existencia; ¿qué somos realmente?, ¿de dónde venimos? y ¿para qué estamos viviendo esta experiencia terrenal? Reconocemos que el verdadero valor y diferenciador que nos hace un líder de alto impacto, está en la naturaleza de nuestra fuente de Ser y no del impulso del Ego. Y aunque agradecemos y valoramos los bienes materiales, el reconocimiento o posición de privilegio que hemos alcanzado por nuestro esfuerzo y dedicación, es de la luz de la Conciencia de donde emana el verdadero poder para influir en los demás y alcanzar la total satisfacción de cada una de nuestras necesidades.

A pesar de que se ha evidenciado un despertar exponencial del nivel de conciencia en el planeta, todavía predomina la influencia del ego limitando el sentido de lo real y valioso de nuestra existencia, reflejándose en una humanidad desenfrenada por conseguir cosas materiales sin importar si sacrifica el amor, la paz o la felicidad para satisfacerlas. Por lo tanto, el mundo necesita con urgencia un nuevo modelo de liderazgo más humanizado que redescubra la conexión con la luz de la Conciencia y que sea capaz de influir en las mentes egotistas, una nueva visión, donde la fuente de Ser, sea el sustrato del cual los seres humanos extraigan el poder para la transformación de esta dura "realidad". Pero, sobre todo, el mundo necesita líderes que transmitan el mensaje de nuestro PADRE, MADRE, VIDA y que logren anteponer la sabiduría del amor y los principios del bien común, por encima de las ideologías que dividen y mantienen adormecida a las nuevas generaciones.

El desafío está en formar una alianza de nuevos "héroes", líderes conscientes de expandir su poder interior con el mundo, despertando consciencias al amor y sumarlos a esa gran masa crítica de seres humanos comprometidos con guiar a la humanidad, al siguiente nivel de evolución.

Si deseas sumarte a este loco sueño de dejar un mundo mejor de como lo recibimos... este libro definitivamente, ¡es para ti!

Primera parte

PODER Y AUTORIDAD:

LOS DOS VECTORES DEL LIDERAZGO

DE ALTO IMPACTO

Liderar, sin conectar con las personas...

Es una tarea casi ¡imposible!

Existe amplia literatura en la que el poder y la autoridad son presentados como estilos antagónicos del liderazgo y son el centro de una discusión que diferencia a un "jefe", de un "buen líder". Y aunque muchas personas aún se identifican con uno de estos dos estilos, dando razón a esa división, en esta obra esbozaré con argumentos prácticos, por qué creo, que contrario a lo que muchos piensan, estos dos vectores son complementarios para el óptimo desempeño del liderazgo.

Un líder de alto impacto, debe aprender a gestionar el PODER y la AUTORIDAD. El primero, comprendido desde dos dimensiones (interior y exterior) que nos aportan al desarrollo de las competencias que sustentan nuestra credibilidad sobre los demás. Y la segunda, porque nos exige expresar con determinación y congruencia el atributo moral con el que podremos desarrollar empatía y gestionar efectivamente las relaciones humanas.

Existen líderes que son buenos gerenciando el patrimonio de sus organizaciones, pero débiles en las habilidades para motivar, persuadir e inspirar a sus equipos de trabajo. El adecuado manejo del PODER y la AUTORIDAD, facilitará que el líder eleve su estándar de liderazgo, potenciando el talento humano y los recursos físicos, que optimicen sus resultados e impacten la vida de muchas personas en pro de su bienestar integral y de los propósitos colectivos. Un Líder de alto impacto reconoce que a las personas se les lidera, pero a los recursos se les administra.

VECTORES DEL LIDERAZGO

TIENES MÁS PODER DEL QUE TE IMAGINAS.

Existen dos fuentes de poder a las que cualquier ser humano puede acceder, para generar los cambios que desea y atraer la vida que merece y desarrollar un liderazgo que le permita impactar positivamente en su entorno:

La primera fuente de poder es interior, y es la que se nutre de luz de la Conciencia. Es ese poder intangible pero evidente que una persona emana cuando llega a un lugar y su presencia escénica trasmite convicción y seguridad, pero a la vez calidez y gentileza. Es un poder que se desarrolla cuando la persona ha logrado alinear su mente consciente en perfecta sincronía con la guía, luz y amor de su fuente de creación.

Este poder interior nos permite comprender la naturaleza de la vida, aceptar el presente y tomar decisiones alineadas con los más altos fines de nuestra guía espiritual. Así mismo, es la fuente teor de poder es la que da origen a la creatividad divina con la que cientos de artistas, filósofos y líderes espirituales han logrado que sus obras y mensajes trasciendan a través del tiempo.

La segunda fuente de poder es exterior y pertenece al mundo de la forma. Son esos recursos físicos, materiales, educativos y relacionales que nos permiten ocupar posiciones de privilegio para direccionar grupos, intenciones o proyectos en un entorno determinado. También le brinda la oportunidad al líder, dependiendo de su estado de conciencia, saber gestionar su cargo, dinero, conocimiento, habilidades o simplemente su tiempo, para el beneficio de los diferentes entornos donde tiene la posibilidad de influir.

Un buen catalizador del estado de sanidad interior o consciencia de un ser humano, es cuando se encuentra con la posibilidad de administrar el poder exterior, ya sea porque se sacó el premio gordo de la lotería o simplemente porque lo ascendieron en su empresa. En ese momento se podrá evidenciar el carácter de esa persona.

Un ser humano con un corazón sano, que siempre le ha

gustado ayudar o servir a los demás, en el momento que su vida da un giro y tiene la oportunidad de ganar mucho dinero o ascender en una organización, esa persona utiliza esos recursos como un potencializador para ayudar a más personas o gestionar grandes obras. Pero si el mismo ser humano, por el contrario, tiene un corazón lastimado y ha estado acostumbrado a no compartir lo poco que tiene y a tratar mal a las personas porque su mente egotista lo hace sentirse en desventaja, es muy posible que el día que la vida le dé la oportunidad de ganar mucho dinero o ascender en su organización, esa persona se torne más codiciosa y humillante.

A esto se refería Confucio hace más de 2.500 años cuando decía:

"Si quieres conocer a una persona, dale poder"

El ser humano que desconoce la fuente del poder interior y que además no cuente con los valores éticos y morales, optará por expresar su liderazgo basándose exclusivamente en los recursos externos, creyendo que con los perecederos estereotipos materialistas como el dinero, el status o la belleza física, entre otros, podrá influir y someter por siempre a los demás. Esto ha llevado a que muchos por miedo a perder ese poder, se apeguen a esos factores y se pierdan en la ilusión del control, desbordando esa capacidad y abusando de ella.

- ¡Lo haces o te despido!

- ¡Me das tu reloj o te disparo!

- ¡Me obedeces o no te dejo salir con tus amigos al parque!

- ¡Si no haces lo que te digo, no habrá sexo esta noche!

Así opera El poder exterior cuando está poseído por una mente egotista. Se define como la capacidad de forzar o coaccionar a otra persona para que haga lo que uno quiere aun cuando ese ser humano no esté de acuerdo en hacerlo. Y sólo se puede ostentar cuando se posee esa condición externa que lo permite ejercer: un cargo importante, tener un arma, ser el que manda en casa o incluso ser la más sexy del grupo. Sin embargo, este tipo de poder siempre tendrá un límite y generalmente llegará hasta donde comience el del otro, ya sea porque tiene un cargo más alto, un arma más poderosa, una cara más bonita o simplemente porque esa persona llego a su umbral de tolerancia frente al abuso y decidió reaccionar.

Si revisamos la historia de la humanidad, pareciera que no quedó muy claro el mensaje de los grandes maestros espirituales cuando nos hablaban del servicio al prójimo y de aprovechar cualquier condición de privilegio, para aportar a los demás con mayor responsabilidad y sabiduría. Por el contrario, nos fuimos alienando de este poder exterior y de la idea de que, si se tiene la posibilidad de estar en la cima de la escala de mando, era para aprovechar ese privilegio y lograr persuadir o manipular a los demás para que nos sirvieran.

Éste ha sido el modelo de liderazgo que se ha perpetuado por milenios en la humanidad. Un liderazgo basado principalmente en el miedo, donde su objetivo ha sido manipular a las masas para que obedezcan y cumplan las demandas de unos pocos que lo controlan todo. Creando leyes o mandamientos que coartan la libertad de los individuos.

Aunque muchas veces pareciera que se logra el objetivo, al final el resultado de este estilo de liderazgo ha sido el combustible del ciclo de dolor, destrucción y muerte que ha caracterizado la historia de la humanidad, ya que debido a estas injusticias, siempre han emergido personas que se cansan de la tiranía y motivan a grandes masas a luchar contra la opresión, pretendiendo también de forma equivocada, acabar la guerra, de la manera más absurda... con más guerra, perpetuando así, el ciclo de venganza, sufrimiento y dolor.

 Pero gracias a la persistencia de la evolución espiritual que se ha ido expandiendo en la raza humana, hemos podido reconocer y comprender el poder interior de la luz de la Conciencia; que, a diferencia del poder exterior, es ilimitado e incorruptible. Esta energía, representa en cada uno de nosotros, la esencia de la creación; el amor en su estado más puro y sublime, que simplemente está como un recurso natural, que cuando se requiere y aprendemos a canalizar, fluye como un torrente de poder que emerge y nos fortalece en los momentos más difíciles de nuestra vida, demostrándonos el poder ilimitado que hay en nuestro interior. Además, posee la virtud de iluminar los corazones oscuros y derrumbar las barreras mentales y defensas más herméticas, que el hombre haya podido levantar.

La conexión con esta fuente de poder nos permite reconocer que somos una creación a imagen y semejanza de nuestro padre celestial y que poseemos todos los medios para realizar los milagros que están produciendo el cambio en la humanidad. Cada vez hay más personas tomando conciencia de este poder interior y están logrando notables transformaciones en su vida personal y en sus comunidades; líderes que están inspirados en los grandes maestros espirituales, que no necesitaron de un alto cargo político o social, empuñar un arma o valerse de su riqueza, para señalar el camino que hoy millones de personas vemos como la única alternativa hacia el gran cambio de Conciencia, que muy pronto reinará en la humanidad.

En conclusión, ambas fuentes de poder son necesarias para ejercer el ejercicio del liderazgo. Cuando el ser humano logra sintonizarlas, potencia las posibilidades de convertirse en un gran influenciador de la humanidad, pues además de tener los medios físicos e intelectuales para llegar a su comunidad, también posee la claridad y sabiduría para guiar desde la profundidad del ser a sus congéneres, bajo los principios básicos y esenciales del amor, la aceptación y la libertad, como fundamentos del más alto estándar de liderazgo.

LA AUTORIDAD SON NUESTROS VALORES EN ACCIÓN

El siguiente recurso que permitirá elevar el estándar de liderazgo es desarrollar el don de inspirar, a través del ejemplo personal, el cambio o los resultados que se quieren lograr en los demás. Un líder con autoridad sabe que **¡dar ejemplo no es una forma de**

influir, es la única manera de hacerlo!, por lo cual se reta permanentemente a crecer en su proceso personal, pues reconoce que su principal recurso para influir sobre los demás, es su coherencia a la hora de actuar.

La autoridad es la virtud moral que asegura que las personas que lideramos nos sean fieles, independientemente si tenemos o no, un cargo o posición social poderosa, ya que esta influencia existe gracias a la buena voluntad que las personas nos otorgan, por el respeto y confianza que inspiramos al hacer de nuestros principios y valores, una acción coherente en nuestro diario vivir.

El esfuerzo por ser congruente frente a sus principios y valores, es lo que hace que este tipo de líderes se cuiden de no vulnerar los derechos de los demás, facilitando que sean más justos a la hora de ejercer su poder. Además, al humanizar la gestión del liderazgo, el líder con autoridad inspira a que los individuos a su cargo también exploren, expandan sus principios y valores y encuentren la manera de sintonizarlos con los demás.

La autoridad bien aplicada, promueve el mutuo valor

infundido por la empatía y la aceptación de los demás como seres dignos, valiosos y merecedores de todo respeto, independiente si estamos de acuerdo o no con ellos. Este vector del liderazgo, le exige al líder de alto impacto tener empatía y esforzarse por no rotular y juzgar a los demás por sus formas y maneras de actuar.

Es claro que nadie está obligado a simpatizar con todas las personas, pues muchas veces nos separan las ideologías, gustos o maneras de ser de los otros. Sin embargo, el verdadero líder desarrolla la habilidad de ponerse en los zapatos de los demás, intentando comprender las razones o motivaciones que ellos tienen para actuar de esa manera y poder llegar a acuerdos que beneficien a ambas partes.

Ser empático no impide tomar acción, alejando o separando a las personas del círculo de influencia, si así se considera prudente, ya que aceptar a un ser humano no implica, tener que soportarlo y continuar a su lado. El líder empático es consciente de sus líneas rojas, esos límites tácitos que no está dispuesto a negociar y que blindan su dignidad frente a la inconsciencia de los demás; podría decirle a otra persona: yo te acepto y te respeto pero yo no trabajo con personas que tratan a sus empleados así; Yo sé que eres mi jefe y entiendo que estés enojado, pero no te permito que me humilles y me grites delante de los trabajadores.

Tener claro tus líneas rojas aplica para todas las relaciones, una persona que tenga claro sus límites puede decirle a su pareja yo te amo y te acepto pero jamás viviré con alguien que me ignore cuando se enoja y me aplique la ley del hielo; No quiero ser pareja de una persona que no quiera relacionarse con mi familia; Yo sé que somos familia pero no comparto la manera corrupta como quieres ganar dinero y por eso no hago negocios contigo, etc.

Ser empático es no juzgar, pero sí implica desarrollar la habilidad de diferenciar la acción y el rol de una persona, de su verdadero valor como ser humano. Es así, como un líder con autoridad, sabe gestionar las relaciones difíciles, sin juzgar a las personas.

Hasta aquí, es claro que se necesita un nuevo modelo de liderazgo que sea coherente con los principios y valores del ser, pero también hay que reconocer que la autoridad por sí sola, sin la fuerza del poder, no garantiza que la gestión del líder, sea efectiva. Pues hay que tener en cuenta que, aunque hay personas que logran que los demás los reconozcan como líderes empáticos y honestos, confiando en sí mismos y en su ética profesional, a veces la inseguridad y la falta de determinación para aceptar el rol de dirigentes, limita considerablemente su toma de decisiones y la posibilidad de gerenciar los recursos y capacidades, que lleven a su grupo o comunidad, a lograr buenos resultados.

En los más de 25 años que llevo liderando programas organizacionales, he visto líderes que, aunque son muy amados por sus subalternos, carecen de la capacidad para direccionar el talento humano y lograr que sus grupos, aun teniendo buen clima laboral, se conviertan en equipos eficientes y efectivos. Un ejemplo de ello, es el líder que cuenta con los mejores jugadores de futbol en su nómina, pero no tiene las competencias específicas, ni la voz de mando, fuerza y carácter, para determinar las estrategias que lleven a su equipo a la victoria.

También es muy común escuchar personas que dicen tener la autoridad moral para dar una recomendación o hablar de un tema en particular, pero carecen de la confianza y autodeterminación para persuadir a los demás.

Conozco muchos seres humanos extraordinarios, que han superado pruebas difíciles en su vida y que perfectamente podrían ser luz para muchos otros que están pasando por situaciones similares, pero sienten que, aunque tienen la autoridad para inspirar a los demás, no tienen el poder personal ni las herramientas para arriesgarse a expandir su experiencia y compartir su aprendizaje.

No es viable el liderazgo sin autoridad. Tristemente en este último siglo, hemos visto como la virtud de la congruencia ha perdido importancia y validez a la hora de tomar decisiones frente a los conflictos morales de la vida. Lo vemos tanto en las grandes esferas sociales, como en nuestros pequeños círculos personales, donde esforzarse por ser coherente y dar ejemplo, ha sido fatalmente remplazado por una inescrupulosa y falsa moral, con la que se ha naturalizado la decadencia social.

Ta esbozo algunos ejemplos:

- Muchos líderes del mundo, apoyándose en la manipulación de los medios de comunicación, han logrado que un sinnúmero de sus habitantes, los veneren a pesar de que, está comprobado que han cometido atrocidades en contra de otras colectividades o han incurrido en actos ilegales, para justificar sus resultados en pro de su comunidad.

- Las grandes potencias mundiales, que por un lado condenan todo tipo de actos atroces contra los derechos humanos, son las mismas que patrocinan las guerras que arrasan con poblaciones enteras con la disculpa de proteger los propios intereses.

- Existen empresas donde los empleados, aun sabiendo que sus dueños realizan prácticas inescrupulosas, celebran sus resultados en grandiosas convenciones, dejando de lado, si la empresa es corrupta o injusta con otras organizaciones o sus clientes, siempre y cuando mantenga la rentabilidad para sus inversionistas y aseguré la sostenibilidad de sus empleos.

- O simplemente padres de familia que se sienten orgullosos de proveer un alto nivel de vida en sus hogares, pero a través de actividades ilegales o indecorosas; que, frente a su círculo social están normalizadas, pues viven en una burbuja elitista, donde la vergüenza o las culpas se anestesian, haciendo importantes donaciones a diferentes obras sociales.

En cualquiera de estos ejemplos encontramos hombres y mujeres con buenas intenciones y deseos auténticos de servir y beneficiar su entorno. El problema es, que están convencidos que le aportan a la sociedad, ya sea porque realizan obras humanitarias o simplemente porque no están directamente tomando armas o robando en las calles. Pero realmente son personas sin autoridad moral, que hacen parte de esa sociedad hipócrita, que por miedo a perder su status quo, busca la manera de justificar sus acciones y hacer lo que sea necesario, para satisfacer sus egos y mantener sus privilegios. Lo que agudiza su situación, es que insisten en mirar solo hacia afuera y juzgar a los demás, sin reconocer la cuota de responsabilidad de esas acciones que normalizan la decadencia social, que hoy nos arropa.

Poder + Autoridad = Liderazgo de alto impacto

Es claro que necesitamos líderes con poder y voz de mando, que sepan administrar los recursos y ayudarnos a prosperar, pero que también tengan la autoridad moral y la sensibilidad para conectar con la esencia del ser humano y construir resultados que no afecten la dignidad de los demás.

Este nuevo modelo de liderazgo, definitivamente sugiere reconciliar el poder y la autoridad, ratificando que estos dos conceptos, son dos características complementarias que cada líder debe aprender a reconocer y aplicar, si desea alcanzar su más alto estándar de liderazgo. Te comparto algunas reflexiones sobre cómo estas dos cualidades se complementan y dan contundencia a la hora de liderar y generar un impacto positivo en el entorno:

- El líder de alto impacto, es consciente de su estatus de mando, tiene el poder para dirigir y tomar las decisiones que considere prudentes; pero se complementa con la autoridad, cuando el líder reconoce, que ese privilegio, es una oportunidad que se le ha otorgado principalmente para servir con amor en su gestión, además, con el firme propósito de dejar un legado de sabiduría, que perdure en la mente y los corazones de quienes influye.

- El líder de alto impacto, es aquel que tiene la capacidad de dar órdenes asertivamente y exigirle a sus dirigidos que den lo mejor de sí mismos; pero se complementa con la autoridad, cuando es el primero en cumplir con el estándar de exigencia, compromiso, congruencia e inspira a sus colaboradores a que den ejemplo, en sus cadenas de mando.

- El líder de alto impacto, despierta admiración en su equipo, pues sus competencias y la permanente búsqueda del mejoramiento continuo, le dan la credibilidad para confiar en su criterio y profesionalismo; pero cuando estas habilidades se complementan con la virtud moral de la autoridad, el líder aprende a conmover a sus colaboradores, motivándolos a desarrollar sus competencias con la misión de formar no solo equipos eficientes y efectivos, si no también, profesionales que se transformen en seres humanos extraordinarios.

- Pero la característica más importante de un líder de alto impacto, que es justamente la que voy a enfatizar en este libro, es desarrollar el talento para comprender cómo funciona la dinámica de la personalidad y su aplicación en la vida diaria, pues esta destreza no solo le permitirá al líder a conocerse a sí mismo y potenciar sus capacidades para tomar decisiones desde su estatus de poder; también, le ayudará a afinar la empatía con la que podrá relacionarse efectivamente con los demás, ampliando la visión sobre ellos, comprendiendo que cada ser humano es producto de un pasado, que posee en su interior el potencial para sanarse y transformarse y que solo requiere la guía adecuada, para potenciar su personalidad y reparar su propia vida. Es por esto que un líder de alto impacto tiene el deber de propiciar el desarrollo integral de su equipo de colaboradores, ya que no solo tiene el poder para exigirles que eleven su estándar de excelencia, sino que además con su ejemplo y autoridad, posee la oportunidad para inspirarlos y guiarlos para que cada uno desarrolle su mejor versión.

La intención de este libro es plantear una nueva concepción del liderazgo del alto impacto, que te permitirá tomar consciencia de la responsabilidad de aportar un grano de arena a la construcción de una nueva sociedad; y aportar los recursos, herramientas y ejercicios, para descubrir nuestro poder interior, capitalizar nuestro poder exterior y consolidar la autoridad moral, a través del autoconocimiento, que nos permita ejercerlo con contundencia, para lograr una poderosa influencia en nuestro entorno.

¿Estás liderando tu vida?

Los que deseamos sumarnos a esa masa crítica de seres humanos dispuestos a generar el gran cambio planetario, primero debemos esforzarnos por influir en nosotros mismos, controlando la mente egotista y reconociendo el verdadero potencial espiritual y emocional que reside en nuestro interior, ya que un ser humano que es capaz de liderar su vida, fácilmente podrá liderar la vida de los demás.

Para alcanzar nuestro más alto estándar de liderazgo, primero debemos comprometernos con nuestra propia transformación interior, esa realmente será la luz que ilumine nuestra vida y nos dará la autoridad para inspirar a los demás a seguirnos. No basta con tener buenas intenciones, tener el conocimiento y descubrir el camino para guiar a otros, definitivamente necesitamos comprometernos con nuestro propio cambio. Es momento de empezar a cuestionar nuestros patrones de comportamiento, mejorar nuestros estándares y finalmente poder reconocernos como seres humanos capaces y coherentes.

Tú que estás leyendo estas palabras pregúntate lo siguiente:

- ¿Estás liderando tus decisiones o a veces te ves negociando con tu mente cinco minutos más debajo de las cobijas?

- ¿Tu cuerpo se ve y se siente como lo deseas o eres de esas personas que se flagela frente a un espejo?

- ¿Estás trabajando en un lugar donde te sientes feliz y realizado o permaneces quejándote y hablando mal del lugar donde trabajas?

- ¿Eres de esos jefes que persuade e inspira el mejoramiento continuo de sus colaboradores o de los que piensa que la solución es despedirlos cuando no logras hacer equipo con ellos?

- ¿Sientes que recibes todo el amor, respeto y comprensión en tus relaciones personales o a veces te sorprendes mendigando afecto y permitiendo que te pasen por encima?

- ¿Piensas que eres tú la persona que hace que la vida suceda o tal vez sólo eres un espectador que ve como pasa la vida frente a tus ojos?

Date un momento para reflexionar sobre tus respuestas.

Los seres humanos difícilmente logramos lo que deseamos, en la generalidad de los casos obtenemos lo que verdaderamente nuestro nivel de conciencia y patrones de pensamiento y comportamiento nos permiten alcanzar. Toda persona cuando está desconectada de su poder interior siempre tendrá un margen de tolerancia a la frustración, sufrimiento, carencia o insatisfacción entre muchas más, pues de alguna manera se adaptan a esa "calidad de vida", que, aunque es mediocre, lo convierten en su zona de confort. Sin embargo, la gran mayoría de las personas desean cambiar su situación, pero pareciera que están esperando un escenario crítico que los obligue a evolucionar y tomar acciones disruptivas que generen un cambio drástico en su autodeterminación.

Es por esto que vemos personas que desean bajar de peso, pero su estándar de vida no les permite tener la disciplina para hacer las dietas o el deporte necesario para lograrlo. Personas que sueñan con convertirse en multimillonarios, pero sus hábitos financieros son paupérrimos y no tienen cultura de ahorro y mucho menos de inversión. Otros sueñan con escalar laboral y profesionalmente, pero nunca las ves leyendo un libro o invirtiendo en su mejoramiento continuo.

Estos patrones de comportamientos inadecuados no

solo son un evidente indicador de falta de conexión con la luz de la Conciencia, también están definiendo nuestros resultados en la vida y no nos permiten alcanzar nuestro más alto estándar de liderazgo. Podríamos tener la mejor actitud, pensamientos positivos, realizar mapas de la abundancia o ejercicios de visualización creativa con la fe más absoluta, pero si no cambiamos nuestros estándares de comportamiento difícilmente alcanzaremos todo lo que deseamos. Así que la opción es nuestra autodeterminación; decidir conectarnos con nuestro poder interior y desde ahí esforzarnos por influir primero en nosotros mismos.

Cuando logremos conectar, así sea por cortos lapsos de tiempo con nuestro poder interior, y lograremos sentir su magnífica presencia, empezará el verdadero cambio, descubriremos que, sin importar nuestro origen, situación personal o estatus social, somos seres humanos excepcionales que contamos con todos los recursos necesarios para fluir con la vida y solucionar todos los retos que ella nos plantee.

¿Qué sucedería si por mucho tiempo hemos vivido

agobiado por las deudas y de repente nos damos cuenta que en seis meses vamos a recibir una multimillonaria herencia y podremos solucionar todos los problemas económicos?

¿Cómo estaríamos interiormente mientras trascurren esos seis meses?

¿Viviríamos esos meses con estrés y angustia o tal vez experimentaríamos algo de paz y serenidad, teniendo la certeza que ya llegarán los recursos para solucionar las deudas?

Démonos cuenta que durante esos meses las deudas (problemas) siguen ahí, lo que cambió fue la certeza de tener con que pagarlas (solución del problema). El estrés y la angustia en nuestra vida no son generados por los problemas, realmente estas sensaciones son generadas ***porque creemos no tener los recursos para solucionarlos.*** Esto quiere decir que es nuestra mente egotista, magnifica los problemas, pues si descubriéramos el poder interior y reconociéramos que contamos con los recursos mentales, emocionales y espirituales para solucionar cualquier problema que se nos presente, seguramente empezaríamos a liberarnos del estrés y la angustia generada por nuestra mente y creencias disfuncionales, padeciendo por un futuro que realmente no sabemos si vendrá.

Estoy seguro que, aunque en algunos momentos la vida se ve dura y difícil, es mucho peor en nuestra cabeza. Sin embargo, cuando nos resistimos a aprender, los problemas y el sufrimiento terminan cumpliendo su propósito: llevarnos a un nivel de profundidad en nuestra vida que nos permita cuestionar el sentido de la existencia y activar la búsqueda de nuestro poder interior. Esto finalmente es lo que nos conecta con la creatividad divina, para encontrar solución y respuesta a nuestros problemas y además, inspirar a otros a seguir el mismo camino.

...

Luisa María es una líder exitosa, emprendedora y creativa, que por muchos años gozo de una excelente condición económica y social. Ganaba muchísimo dinero debido a que lideraba una gran red de mercadeo en el país. Cuando estaba en el umbral de sus más altos ingresos, pensaba que tenía el poder para lograr lo que deseara en su vida. Además de ser una mujer muy audaz, también manejaba a la perfección la comunicación y expresión corporal, le encantaba estar en las tarimas en todo Latinoamérica inspirando a otras personas a seguirla en su proyecto de vida.

En esa etapa de su vida conoció a un buen hombre con el que construyó un hermoso hogar y tuvieron una bella niña. Todo fluía y era color de rosa, convenciones en hoteles cinco estrellas, lujos y todo tipo de comodidades que el dinero en esa cantidad les propiciaba. Su vida era perfecta.

A los cinco años, el negocio comenzó a decaer generando incertidumbre y problemas económicos en su hogar, pero lo que realmente agudizó la crisis, fue una situación de infidelidad por parte de su esposo, que provocó la pérdida de confianza y paz en el hogar.

Luisa María empezó a sentir que el amor que alguna

vez se habían profesado ya no estaba presente y aunque nunca hubo episodios graves de violencia, se perdió el respeto y la admiración mutua. Esto los llevó a buscar una terapia de pareja en la que descubrieron que lo mejor para ellos, era separarse. Decisión que, por diferentes circunstancias, principalmente por la salud emocional de su hija, no se tomó.

Cuando conocí a Luisa y a su esposo, estaban viviendo un verdadero caos, la situación financiera había empeorado, ya que la red de mercadeo a la que pertenecía se desplomo. Además, estaban en medio del confinamiento por la pandemia en Colombia y lo más grave, ella estaba colapsando emocionalmente y consumiendo psicofármacos para dormir. Me decía que le daba mucha colera ver como su vida se estaba desmoronando, después de ser una mujer tan exitosa y líder de su vida.

- ¿Qué es lo que más te falta en este momento? Le pregunte

- *La vida que tenía antes, y no estoy hablando de las cosas materiales, lo que verdaderamente extraño, es a la mujer que tomaba decisiones sin importar las consecuencias, pero hoy ¿no sé qué hacer? Me siento muy mal…*

…Alexander, mi vida es un completo caos, mantengo permanentemente corriendo de un lado para otro, lidiando con muchos conflictos con mi red debido a que el negocio, sólo produce el 10% de lo que generaba antes y a eso súmale que mi esposo se quedó sin empleo en medio de esta pandemia.

- ¿Qué necesitas para volver a ser la mujer líder que es capaz tomar decisiones y crear las condiciones de antes?

- *Sentirme en paz conmigo misma, definitivamente necesito tranquilidad para poder pensar y liderar mi vida.*

En ese momento le pedí a Luisa María que por favor se recostara cómodamente en el espaldar del sillón, que cerrara sus ojos e intentara relajarse mientras tomaba tres respiraciones lentas y profundas. Después de unos breves minutos guiando su relajación, le pedí que imaginara, visualizara o sintiera la decisión que más paz le daría a su vida... que no pensara si la decisión era fácil o difícil de asumir, que sólo visualizara la paz de estar en contacto con ella misma y sentir que en su interior está TODO LO NECESARIO para solucionar cualquier reto que la vida le presente... después de unos minutos de silencio, abrió sus ojos y me dijo:

- - *¡Separarme! Definitivamente necesito tranquilidad en mi casa. Sé que la vida me dio una gran lección al quitarme todo lo que me hacía sentir poderosa e infalible... De hecho, la infidelidad de mi esposo fue una cachetada para mi ego, pues nunca imagine que con todo ese poder que ostentaba alguien me fuera a engañar... Deseo dejar de echarle la culpa a él y a la "pandemia" por todo esto y volver a sentirme la líder de mi vida.*

Después de un par de sesiones con la pareja, reafirmaron que el amor no fue la base sobre la que construyeron su relación y aunque vivieron tiempos maravillosos, ya era momento de cerrar el ciclo, dejar de estar tan preocupados por el futuro y asumir con valentía el presente de su situación. Comprendieron que lo que estaba agudizando la crisis, era la falta de paz en el seno de su hogar. Como ambos estaban de acuerdo fue relativamente fácil tomar la decisión de separarse y asumir las consecuencias, además que tuvieron el apoyo de sus respectivas familias y esto les favoreció separarse en paz.

Después de siete meses, me compartió que al comienzo no fue fácil para ella asumir la carga de su casa, pero que a partir de la separación sintió que dormía mucho mejor, porque se quitó un gran peso emocional que no la dejaba conectarse con la líder exitosa que siempre fue. Me contó que financieramente estaban mucho mejor; él había retomado su antiguo empleo y ella había logrado iniciar con éxito el proyecto productivo que siempre había soñado. Finalmente me dijo que estaba muy feliz, pues había vuelto a conectar con la mujer líder y empoderada de años atrás.

Esta experiencia le permitió reforzar su vocación espiritual y trabajar fuertemente en no permitir que ningún tipo de conflicto, afecte su paz. También ratificó que Dios la envió a este plano, con todo lo necesario para cumplir el propósito de su vida; sólo deberá buscar en su interior los recursos que potenciarán su liderazgo. Desde ese momento, Luisa invierte suficiente tiempo en su conexión espiritual, pues sabe que la oración y la meditación la conectan con su poder interior y desde ahí puede volver a construir una vida exitosa, sin dejarse deslumbrar por las cosas materiales, viviendo con mayor equilibrio y paz. ...

Cuando las personas despertamos nuestra Conciencia comprendemos la dualidad del poder y reconocemos que para potenciar el poder interior debemos vivir en armonía y asegurar que la paz nunca deba ser negociable; pues la ausencia de ella, bloquea nuestro liderazgo y no nos permite ver con claridad el panorama, para tomar las mejores decisiones.

Como ha sido la constante en todos mis libros aquí también encontrarás poderosos mensajes envueltos en parábolas, dictadas por el maestro Jesús que desde su llegada a este plano físico han servido de guía y alimento espiritual para todos aquellos que hemos decidido escucharle y seguirle. Les comparto estas historias, con la firme convicción con la que Él ha entregado su mensaje, como la entrada al mundo de la transformación y la luz.

EL HOMBRE QUE QUERÍA SER REY

En algún lugar, un hombre ansiaba ser rey. Todos sus sueños, sus ilusiones y sus anhelos estaban puestos en ser rey. Este hombre oraba mucho, pero lo único que pedía siempre, era ser rey. No pedía amor, ni humildad, ni sacrificio, ni servicio, ni sencillez. Este hombre ... pedía ser rey.

De tanto y tanto escucharlo, el creador alguna vez le dijo: "Hijo mío, vas a ser rey, y has de buscar por todo el valle, un lugar que está debajo de la tierra, donde se sepultan las riquezas, donde están los cuatro secretos y los cuatro tesoros que necesitas para ser rey.

Y este hombre corrió por todo el valle. Este hombre sangraba de sus rodillas y de sus pies y de sus manos, buscando en el valle, cavando la tierra, abriendo huecos y huecos... buscando lo que necesitaba para ser rey. Esas cuatro cosas y secretos que necesitaba para ser rey, pues todo en su vida era un anhelo de ser rey.

Después de sangrar por manos y rodillas, y espalda y pies, encontró un hueco, con una corona, un cetro, un traje color del oro, unas zapatillas color del oro. Y feliz dijo:

-He aquí las cuatro cosas que necesitaba para ser rey; una corona, un cetro, unas zapatillas y un traje son las cuatro cosas, ¡y ya soy rey!

Sin importar lo que sangraba, este hombre se vistió con el traje color del oro, puso en sus pies ensangrentados las zapatillas color del oro, puso sobre su cabeza doliente la corona, y tomó en sus manos el cetro. Y caminó hacia el pueblo y reunió a todas las gentes y se presentó como rey. Y las gentes lo aceptaron como rey. Y este hombre empezó a gobernar, y tenía ¡tanto temor de perder esas cuatro cosas que se le habían dado para ser rey!, que no permitía que nadie se acercara ni lo tocara.

Este hombre eligió vivir en soledad... Este hombre se alejó y repelía a los niños, adultos y ancianos. Porque temía que le robasen una de sus cuatro cosas, aquellas que necesitaba para ser rey. Y siguió gobernando en el más absoluto vacío y en la mayor soberbia. Y cada vez que algún niño se acercaba para contemplar al rey, el hombre iracundo lo repelía, y lo echaba de su lado. Cada que algún hombre se acercaba, para que su rey le contestara alguna de las preguntas, este hombre iracundo lo echaba de su lado sin darle respuestas.

Se alejó también de su bella esposa, la alejó de su lado, porque temía que también ella le robara una de las cuatro cosas, que se le habían dado para ser rey.

Este hombre no dormía, ni tenía paz, ni sosiego, cuidando las cuatro cosas que necesitaba para ser rey.

Un día enfermó... enfermó por falta de sueño y falta de paz, pero sobre todo enfermó por falta de la cercanía de los demás. Al enfermar quedó sobre su lecho dormido en un sueño de padecimiento y dolor.

Cuando este hombre fue sanado y se despertó de su

sueño, se dio cuenta que le habían robado esas cuatro cosas, porque ya no estaba, ni su cetro, ni su corona, ni su traje, si sus zapatillas.

Este hombre iracundo y soberbio gritó contra Dios, soberbio y le dijo:

- ¿Por qué me has robado lo que es mío? ¿Acaso Tú necesitabas mi corona y mi cetro y mi traje y mis zapatillas, para ser tú Rey? ¿Acaso vas a permitir que me roben mis cuatro cosas? ¿Acaso no me habías dado tú a mí, esas cosas?

Y rebelde maldijo, y se envolvió en su propia soberbia y volvió a enfermar en soberbia. Entonces todos en el pueblo se retiraron y eligieron un nuevo rey.

Y este hombre dejó de ser rey y siguió enfermando. Cuando vio que ya había perdido su reinado, este hombre empezó a enfurecer más y más. Pero su bella esposa se acercó y lo acarició con amor y sus hijos también lo acariciaron.

Este hombre dijo:

-Si no he de ser rey, he de levantarme de esta cama y

buscar pan para mi esposa y mis hijos.

Entonces se arrepintió de lo lejos que había estado del amor por su esposa y por sus hijos. Y mirando al cielo dijo:

-Creador, perdóname. Pues ha sido mi soberbia la que me ha llevado a rebelarme contra Ti

Y se fue por el valle buscando, caminando y caminando... buscando pan y buscando abrigo para su esposa y sus hijos. Y encontró pan y frutas y peces y abrigo y las recogió todas... y subió a su caballo y siguió caminando por todo el valle, con los panes y los peces y las frutas y el agua y el abrigo para toda su familia. Pero de pronto encontró, unos mendigos tirados en el valle. Y quiso pasar de largo, pues pensó que lo que llevaba era para su esposa y sus hijos. Pero se arrepintió y decidió devolver su caballo para ayudar a los mendigos.

Bajó de su caballo, partió pan, se aseguró de que quedara lo justo para su esposa y sus hijos, y les dio de comer a los mendigos, que estaban enfermos y yacían sobre el césped. Y luego les dio de beber y ellos fueron aliviándose. Y luego les puso abrigo y ellos fueron cogiendo calor. Así pudieron comer peces y así pudieron comer panes y frutas y beber agua y abrigarse...

Cuando estuvieron sanos porque este hombre les dio todo eso, se levantaron de donde yacían en el césped y encontró, que debajo de la tierra que había debajo de ellos, estaba su corona, su cetro, sus zapatillas y su traje, que ya no eran color del oro, sino que eran hechos de oro puro.

Entonces este hombre cogió las cuatro cosas y las levantó hacia los cielos y dijo:

-Dios mío perdóname... algún día pensé que me habías quitado Tú mis cuatro cosas para ser rey. Pero ahora sé que jamás me has quitado nada, pues todo lo que has hecho, es dar y dar... dar para mí. Y más bien he sido yo quien no te ha dado nada. Permíteme ofrecer estas cuatro cosas para Ti.

Y este hombre puso la corona a uno de los mendigos. Y puso el traje a otro de los mendigos, y las zapatillas a otro de los mendigos, y dijo:

-Me desapego y me desprendo de estas cosas, pues no las necesito para ser feliz.

Entonces Dios le contestó:

- ¿Quién te ha dicho a ti buen hombre, que esas eran las cuatro cosas? Esas cosas que tú llamas tus cuatro cosas eran solo una, pues eran tu traje de rey. **Las otras tres cosas jamás las encontraste hasta ahora,** porque las había escondido en un lugar donde nadie podría robártelas. Esas otras tres cosas eran en amor: la **humildad, la aceptación y el servicio.**

Esas cosas con tu traje eran diferentes... pues tu traje hecho de corona y de cetro y de zapatillas, ese traje lo podían ver todos y lo podían tocar todos, y lo podían robar todos. Porque yo lo puse donde todos pudieran verlo y tocarlo y robarlo. Pero las otras tres cosas que necesitabas para ser rey las escondí en tu corazón, donde nadie podía robarlas. Y se necesitó mucho, para que llegaras a tu corazón y encontraras esas cosas. Y siéntete ahora más rey que nunca, porque ahora reinas el mismo reinado de DIOS.

Y este hombre cayó sobre el césped arrodillado y

sonriente. Levantó sus brazos y su mirada al cielo y dijo:

-Dios mío, ¡siento en mi corazón esas tres cosas y desde mi corazón reinaré tú mismo reinado ¡y seré feliz!

Y caminó por el pueblo reinando. Y cuando llegó a su casa, y abrió la puerta, con su pedacito de pan, y su poquito de peces y su poquito de abrigo y su poquito de agua, encontró que su esposa y sus hijos bebían y comían abundantemente, porque las riquezas habían llegado a su hogar, sin que él tuviera que buscarlas y reclamarlas.

Fin.

Esta parábola es una invitación a descubrir los verdaderos tesoros que harán que te conviertas en un gran líder. Seguramente tener un cargo, un rol de poder en la sociedad, heredar riqueza y nobles apellidos o destacarnos en un arte u oficio, son "cosas" que sirven para proyectar una imagen de líder, pero el verdadero tesoro que potenciará tu liderazgo es que logres conectar con las otras tres virtudes que te permitirán reconocer: que eres mucho más que un cargo o un rol; que cada ser humano tiene una historia y que debemos aprender a empatizar y que nuestro verdadero propósito es poner nuestros dones, talentos y experiencia al servicio de la humanidad.

LA TEORIA DE LA MALETA

Imagina que José tiene unos padres que deciden enviarlo a vivir a Colombia, un país maravilloso que posee la maravillosa virtud de contar con todos los tipos de climas que existen en el planeta. Ellos sabiendo esto y que además respetarán su libre albedrio para que transite por la región que desee, le empacan en una maleta, todo tipo de ropa para que pueda desenvolverse bien, en la diversidad de condiciones climáticas que se experimentan en ese hermoso país.

Es así, como José cuenta con diferentes atuendos para todo tipo de climas: ropa abrigada por si va a regiones frías o templadas, algunas prendas más ligeras y frescas para ciudades o pueblos más cálidos. También le empacaron algunas piezas adecuadas por si prefiere ir a playas o desiertos o incluso vestuarios completos para visitar los picos nevados más altos del país. Mejor dicho, José está más que preparado y confiado para iniciar tu travesía, pues sabe que cuenta con todos los recursos necesarios para sortear cualquier situación climática que se le presente en su transitar por Colombia.

Ahora imagina que el primer destino de José, fue la ciudad de Bogotá a más de 2.600 metros sobre el nivel del mar. Apenas descendió del avión, percibió el clima frio que predomina en esa ciudad. Inmediatamente abrió su maleta y dentro de todo el inventario de ropa tomó las prendas adecuadas para protegerse de la baja temperatura que promedia en la capital. Sacó unos pantalones gruesos, un abrigo, zapatos cerrados y una bufanda. Y así pudo sortear las condiciones climáticas de Bogotá.

Ahora supón, que por circunstancias de la vida, José decidió quedarse a vivir en esta fría ciudad, pasaron los años y nunca visitó otra región del país, no conoció las ciudades cálidas, ni las playas, ni las selvas tropicales que brotan en ese paraíso, por lo que solo tuvo la necesidad de usar la ropa abrigada y aunque ciertamente había otras prendas atractivas para lucir, por las condiciones de su entorno se acostumbró a vestirse sólo con ropa para clima frío, donde no solo dejó olvidadas en lo más profundo de su maleta las demás prendas, que con mucho amor sus padres habían empacado para él, sino que además usó tanto esas mismas prendas, que ya las demás personas las percibían viejas y desgastadas.

Un buen día, la temperatura en la ciudad se elevó inesperadamente y José comenzó a sentir los calores más sofocantes. La incomodidad respecto a su entorno se fue agudizando cada vez más debido al tipo de prendas que usaba. De repente alguien que lo vio caminando con su ropa en mal estado y observando su sufrimiento, se le acercó y le preguntó:

- ¿oye, José, por qué no te vistes adecuadamente, acaso no sientes calor? tal vez podrías usar una camiseta y unos pantalones cortos, para poder tolerar este clima tan sofocante. A lo que inmediatamente él respondió...

- ¡Qué pena!, pero esto es lo único que tengo. Yo sólo poseo ropa abrigada, no tengo ni camisetas, ni pantalones cortos.

- ¿No tienes o nunca los has usado? refuto la persona.

Este tipo de respuesta es la misma que usamos muchas veces cuando alguien nos ve peleando con nuestro entorno y nos dice:

- ¿oye, por qué no eres más paciente? a lo que muchos respondemos:

- Mira, yo tengo de todo menos paciencia, a mí no pidas eso, que yo no soy paciente.

Así cómo José, que está sufriendo de calor en la ciudad de Bogotá, porque olvidó que fue enviado con una maleta con todo tipo de ropa y que muy en el fondo de su equipaje cuenta con los recursos de vestuario necesarios para manejar los diferentes climas del país; todos nosotros hemos olvidado que fuimos enviados a esta experiencia terrenal con una **maleta repleta de virtudes** para poder sortear los diferentes retos que nos plantea nuestra existencia.

Nuestro PADRE, MADRE VIDA o como tú lo quieras llamar: DIOS, FUENTE DE VIDA O AMOR, además de dotarnos de las fuerzas primordiales de la Conciencia y el impulso del Ego, nos envió a esta experiencia física respetando nuestro libre albedrio, con todos los recursos necesarios para el cumplimiento de nuestro propósito en la tierra.

Dios nos creó y después NO dijo:

> *- ¡Que mal! Creé a este ser humano y lo mandé a la tierra sin paciencia en su interior, ¡También olvidé llenarlo de valentía y amorosidad!...*

¡No!, Todos poseemos una MALETA LLENA DE TODAS LAS VIRTUDES.

Así que cada vez que alguien te confronte diciéndote:

- ¿oye, por qué no eres más paciente, tolerante o amoroso? No respondas diciendo:

- a mí no me pidas eso, yo no tengo esas virtudes

Recuerda, no es que no las tengas, simplemente no las has reconocido en tu interior.

Al igual que José debió adaptarse al tipo de clima que le exigió el entorno, echando mano a las prendas adecuadas, nosotros también tuvimos que adaptarnos al tipo de crianza que nos ofreció nuestra infancia. Y como el impulso del Ego fue y es susceptible a las experiencias que lo afectaron, decidió echar mano a los recursos de la esencia del Ser, para con ellos enfrentar los MIEDOS que despertaron esas experiencias y desde ahí fue que elegimos desarrollar algunas virtudes específicas, para enfrentar las diferentes circunstancias de la vida.

A muchos, desde muy niños les tocó lidiar con la violencia y el maltrato de sus padres desarrollando un profundo miedo a la debilidad, otros debieron experimentar mucha hambre y pobreza, afianzando el miedo a la carencia. Algunos más sufrieron la pérdida de un ser amado, generando un terrible miedo al abandono o la soledad. Y otros, por el contrario, fueron demasiados sobreprotegidos o exigidos, creando en su interior mucha inseguridad que les reforzó el miedo a fallar.

Por perfecta que haya sido nuestra infancia, siempre hubo algo que nos despertó algún miedo en esa etapa de nuestra vida y fue a raíz de esa circunstancia, que con el impulso de nuestro Ego, desarrollamos nuestra personalidad (MÁSCARA) con sus principales fortalezas y limitaciones.

La buena noticia es, que nuestra máscara no tiene defectos, solo virtudes distorsionadas. Definitivamente nadie sabe con qué sed beben los demás, sólo vemos los defectos y conductas de las personas, juzgándolas sin detenernos a pensar qué miedos tuvo que enfrentar en su niñez y por qué desarrolló ese tipo de personalidad. Así como se desgasta la ropa que más usamos, igualmente sucede con las virtudes que decidimos desarrollar en nuestro peregrinaje por la infancia. Sentimos la necesidad de sobre desarrollarlas, que al final se desgastaron.

Imagina que nuestras virtudes son como una linda melodía, si le subes muchísimo volumen, empieza a sonar mal. Eso que tú llamas defectos en la personalidad, simplemente son virtudes distorsionadas, que por algún miedo, terminaron sobre desarrollándose y viéndose mal. Veamos algunos ejemplos de esta dinámica:

Supón que un niño llegó a esta experiencia con su equipaje lleno de virtudes y aterrizó en una familia donde el entorno hostil le produjo mucho miedo a verse débil, pues desde muy chico le toco lidiar con un padre violento y agresivo, que todo el tiempo gritaba y maltrataba a su madre y sus hermanitos.

Cansado de tanta violencia un día pensó:

> *- ¿qué puedo hacer para enfrentar a mi padre y evitar que siga lastimando a mi madre y hermanos?*

En ese momento, el niño "motivado" por las circunstancias de la vida, decide sacar de lo más profundo de su interior, las virtudes que cree, le servirán para enfrentar esa situación. Entonces el niño abre su MALETA DE VIRTUDES y de todo su inventario, decide vestirse de fuerza y valentía, para empoderarse, enfrentar a su padre y decirle:

- *¡YA BASTA! a mi madre no la tocas más*

De pronto se da cuenta que esa actitud fue suficiente para que su padre parará su agresión o se fuera de casa. Y si esa fue una constante en su infancia, es muy probable que ese niño decidiera vestirse solo de fuerza y valentía por el resto de su vida, dejando olvidado en lo más profundo de su equipaje las demás virtudes, que con mucho amor fueron puestas para él. Pero con el paso de los años esas hermosas virtudes de fuerza y valentía en la edad adulta se distorsionaron convirtiéndose en una *máscara de violencia y agresividad, escondiendo un profundo miedo a verse débil.*

O imagina una niña que creció en un hogar donde le tocó lidiar con un entorno exigente y estricto, tal vez con un padre militar o inflexible, donde equivocarse no era una opción. Por esta razón, la niña desarrolló un terrible miedo a fallar y para evitarlo sacó de su equipaje de virtudes: la excelencia y el orden en su actuar, para satisfacer los altos estándares que el entorno le exigía. Sin embargo, a través del tiempo y permeada por el miedo constante a cometer errores, esa misma *excelencia, se distorsionó en una máscara de perfeccionismo y el orden, en rigidez en su vida.*

Otras personas por ejemplo decidieron sacar de su maleta de virtudes: la paciencia y tolerancia como recursos necesarios para evitar un conflicto o que alguien se fuera de su lado, desarrollando inconscientemente un profundo miedo al abandono o la soledad, por el cual hoy se esconden tras una máscara de permisividad y sumisión resistiendo relaciones malsanas, donde el sufrimiento es la constante en su vida.

Permíteme mostrarte gráficamente, cómo cualquiera de estos miedos, distorsiona nuestras mejores virtudes.

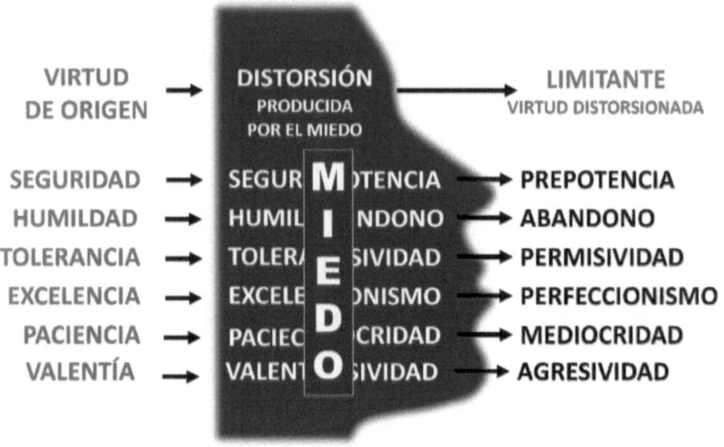

Es de esta manera como se estructuró nuestra personalidad. El impulso del ego en su afán de protegerse ante las diferentes circunstancias que amenazaban nuestra individualidad en esos primeros años de vida, creó desde el MIEDO, una "defensa" que garantizará su supervivencia, distorsionando nuestras principales virtudes en lo que llamamos **"defectos de la personalidad"** y que posteriormente se consolidó como nuestra falsa identidad (LA MÁSCARA)

EL EXTRAÑO MURO, CON OLOR A ROSAL

En algún lugar existía un muro extraño, frío y sólido, un muro fuerte, sin vida. Triste pared... lúgubre muro.

Mas la gente se acercaba al muro y a veces percibía un bello y delicado aroma, y se preguntaban...

- ¿Por qué este muro, huele a veces tan bien?

Pero seguía siendo un muro frío y triste. Entonces se acercaron algunas personas y observaron que entre los muros había pétalos de rosas y verdes hojas. Entonces se miraron entre ellos y dijeron:

- ¡Están naciendo flores en el muro! Están naciendo flores en estos ladrillos fríos y sin vida. ¡Éste es un milagro de Dios! Este muro huele a rosas, vemos los pétalos entre sus ladrillos. Y buscaban y esperaban que salieran más rosas.

Mas, los pocos pétalos que salían entre los ladrillos se morían muy pronto, como igual se morían las hojas y se acababa el aroma.

Pasado el tiempo, volvían a salir unos pequeños pétalos, con vida muy corta. Y la multitud pidió a los cielos:

-Padre, ¿cómo podemos ayudar a estas rosas que quieren nacer entre los muros? ¿Cómo podemos Padre, ayudar a que nazca el rosal?

Y el Padre les respondió:

-No tienen que hacer nada para que nazca ningún rosal pues el rosal ya existe, ¡sólo que está aprisionado por el muro! ¡Quita los ladrillos, quita los muros! ¡Muestra la belleza de los pétalos! Permite que salga el aroma de las rosas. Muestra el verde de las hojas. Muestra... ¡muestra el rosal!

Esta parábola resume la realidad de los seres humanos. A veces estamos tan identificados con el muro que olvidamos que somos un maravilloso rosal. Creemos que la forma en que nos vemos o actuamos define quienes somos, olvidando que somos mucho más que nuestros errores o comportamientos limitantes, somos una esencia pura y maravillosa emanada de la luz de la Conciencia, que simplemente a veces se esconde detrás de una falsa identidad, representada en una máscara de miedo y dolor creada por el impulso del Ego.

Parte del propósito de cada persona, es conectar con su poder interior, reconocer su propio rosal resignificando esa falsa identidad y desde ese reconocimiento, aprender a ver la esencia real y maravillosa que los demás esconden detrás de sus propios muros y por qué no, invitarlos a que también reconozcan su propio rosal.

Esta será la característica principal de los nuevos líderes que impactarán en el mundo. Seres humanos con visión, que han despertado su Conciencia y conectaron con su potencialidad pura y al mismo tiempo que reconocen la de los demás, logrando inspirar la activación del proceso de transformación, que les permita expresar su verdadero potencial.

Despertar nuestra Conciencia no significa haber alcanzado el nivel más alto de iluminación. Seguramente hacia allá apunta este propósito, en principio solo basta con que reconozcamos nuestro propio muro (MÁSCARA) y que nos demos cuenta que existe una forma diferente de interpretar la vida e interactuar con ella. Es empezar a experimentar el verdadero camino de la transformación personal. Y aunque este propósito es igual para todos nosotros, algunos se demorarán más que otros en hacerlo, pues nuestro libre albedrío podrá retrasar un poco ese despertar, pero jamás podrá evitarlo.

Somos como el Rio que eventualmente se desborda creando inundaciones, pero que después del caos recuperará su cauce y finalmente llega al mar. A veces nuestras máscaras generan mucho conflicto y dolor, tanto, que en algunos momentos pareciera que nos desbordamos perdiendo el rumbo de nuestra vida. Pero por mucho que nuestras máscaras nos lastimen o lastimen a los demás, siempre llegará el momento en que nos cansamos de la pesadilla de vivir presos de nuestra falsa identidad y tomamos la decisión de conectarnos con la luz de la Conciencia. Este cambio nos despierta a nuevas maneras de pensar, sentir y actuar, encontrando el verdadero sentido a nuestra existencia, permitiéndonos aprender de nuestras experiencias, capitalizando el pasado y convirtiéndolo en el insumo que nos permitirá inspirarnos para alcanzar nuestro más alto estándar de liderazgo.

La Teoría de la maleta es una metáfora con la que no solamente reconoceremos que tenemos mucho más poder del que pensamos y que somos mejores seres humanos de lo que creemos, sino que también, será una herramienta con la que los podremos decretar nuestra nueva verdad. Un mantra personal que resuene con nuestro rosal y nos permita expresar la verdadera esencia, integrando: lo que somos, con quienes somos y lo que tenemos.

En mi anterior libro "Sólo es un eclipse" plantee estas tres preguntas: ¿Qué soy? ¿Quién soy? Y ¿Qué tengo? Con el objetivo de sembrar en la mente de las personas la idea de que podrían lastimar nuestro cuerpo e incluso podrían afectar quien creemos ser, pero jamás podrían dañar y ni siquiera tocar lo que realmente Somos, una esencia pura y poderosa creada por el mismo Dios.

"¡Somos Luz!

Así como nuestro hermano mayor dijo: "Yo soy el amor, la verdad y la vida". Nosotros también somos parte de esa misma esencia. Una luz pura y poderosa con el propósito de amar y ser amados.

Sólo el día que descubramos nuestra inmensidad, podremos comprender que todos somos creados por la misma fuente. Somos sus rayos que, empacados en un cuerpo físico, besan este mundo aparentemente convulsionado, violento e injusto para vivir las experiencias necesarias que nos permitan avanzar espiritualmente y perfeccionar el amor. Y aunque tenemos un cuerpo susceptible de ser lastimado, nunca podremos, ni podrán dañar lo que somos realmente: un alma impregnada con la esencia divina de Dios.

Es posible que nuestro libre albedrío retrase o haga lento y tortuoso el aprendizaje en cada existencia y que nuestro ego limite el reconocimiento de esa verdad, pero lo que sea que haya creado a Buda, Jesús, Mahoma y todos los demás guías espirituales, también nos creó a todos nosotros, la única diferencia es que ellos tuvieron la humildad y sencillez para reconocer que son una esencia maravillosa de luz."

Sacado del libro Sólo es un Eclipse

La teoría de la maleta le permitirá al líder de alto impacto resignificar su historia de vida y en ella encontrar los insumos con los que podrá comprender la dinámica de su personalidad y construir ese mantra personalizado que refuerce su nueva verdad y potencie sus resultados. También aprenderá a ampliar la visión que le permita reconocer en los demás, su verdadera esencia, más allá de sus máscaras y ayudarle a conectar con una nueva verdad que le ilumine su mente y le dé la posibilidad de transformarse.

Segunda parte

MANUAL PARA DESCUBRIR TU MÁS ALTO ESTÁNDAR DE LIDERAZGO

"Aquello en lo que crees, es en lo que te conviertes,

la mente lo es todo"

Buda

Las siguientes páginas de este libro están diseñadas a manera de manual en el que te invito a que realices con la mayor honestidad posible las tareas que te presentaré a continuación. Son ejercicios que diseñamos con nuestro equipo de facilitadores de SENTIR LA VIDA y con el que a través de los años hemos podido impactar la vida de cientos de personas que han realizado nuestros procesos.

Este manual está dividido en ocho pasos esenciales. En los primeros cuatro te invito a que identifiques y comprendas la estructura de la falsa identidad, esa que está representada en la máscara. Y en los otros cuatro, te guiaré a que edifiques una nueva verdad (afirmación de Vida) como instrumento para reencuadrar tu mente y conectar con la verdad personal que potencie tu nuevo estándar de liderazgo.

A medida que avances en la lectura, hallarás varios ejercicios donde te pediré que desarrolles unos formatos, para darle mayor sentido y claridad a tu proceso personal. Por lo que te sugiero que por favor utilices un lápiz, pues es muy probable que a medida que avances quieras corregir algunos datos.

PARA DESCUBRIR QUIÉN SOY ¡PRIMERO DEBO IDENTIFICAR LO QUE NO SOY!

Es imperativo reconocer que la máscara que hemos construido por años es la forma de expresión del impulso del Ego poseído por el miedo y que para sobrevivir ha forjado una sub-personalidad que además de distorsionar nuestras virtudes necesita identificarse con estereotipos superficiales para fortalecer la falsa identidad. Es por esto, que muchas personas, alienadas por su Ego, se aferran a su conocimiento, las posesiones materiales, el status, las relaciones o el aspecto físico para darle sentido a su existencia, a tal punto, que cuando pierden esos atributos, también creen erróneamente que pierden lo que son.

Es así, que para alcanzar nuestro más alto estándar de liderazgo y poder expresar nuestro verdadero potencial, primero debemos reconocer la máscara con sus limitantes, pues ésta, es la principal barrera que obstruye nuestro desarrollo personal y evolución espiritual.

Para facilitar el desarrollo de cada paso, compartiré con mucho cariño y honestidad, mi ejercicio personal, como referencia de la dinámica del proceso.

Como diría el Filósofo y escritor español Miguel de Unamuno: *"Perdonen señores que hable en primera persona, pero soy el hombre que más conozco y con el que vivo"*.

Uno de los principales recursos que poseo para ejercer mi profesión de terapeuta o facilitador en actividades que buscan el bienestar integral del ser humano, son mis propias experiencias y las estrategias que utilicé y que me ayudaron no solamente a elevar mi estándar de liderazgo, sino también, a conectar con mi maestro interior y seguir sus indicaciones para transformar mi vida.

PRIMER PASO: IDENTIFICA LAS LIMITANTES DE TU MÁSCARA

El primer paso es hacer una lista de nuestros principales "Defectos o virtudes distorsionadas". Para ello necesitamos preguntarle a la mayor cantidad de personas, cómo nos perciben cuando estamos actuando desde el miedo. La idea es realizar una lista amplia de esas características y después contrastarla con lo que a consciencia consideremos, son los principales "defectos" de nuestra personalidad.

Lo ideal, es que al final de todo ese listado, escojamos las tres o máximo cinco limitantes que más están saboteando los resultados en nuestra vida. Debemos tener en cuenta que, por más autocrítico que sea el ejercicio, no superar más de esa cantidad, pues muchos "defectos" perfectamente pueden ser sinónimos de una misma limitante. Por ejemplo: si varias personas me perciben como un hombre terco, apegado a la razón o inflexible. Esas tres limitantes pueden ser sinónimos, por lo cual debemos elegir una de las tres.

Otro ejemplo puede ser que algunos amigos o familiares te dijeron que a veces te comportas como un ser humano violento, agresivo o explosivo; si tu aceptas que definitivamente es así, solo escoge uno de los tres. Y para efectos de un mejor ejercicio, sugiero escoger entre las que son sinónimos, la limitante que más le incomode a nuestro ego.

> Ten en cuenta que he remplazado el término **"defecto"** por el de **"limitante"**. Pues recuerda que sólo son virtudes distorsionadas, que están restringiendo el desarrollo equilibrado de tu personalidad.

Recuerdo que cuando hice mi lista, me apoyé en varias

personas: mi pareja, familia, amigos y entorno laboral. La recomendación principal es tener una actitud abierta y receptiva para escuchar sin defendernos de lo que nos puedan decir. Y aunque la verdad no fue fácil, logré construir una amplia lista de la que finalmente elegí cuatro limitantes que realmente me estaban afectando las relaciones y resultados en ese momento en mi vida:

- PERMISIVO: también me dijeron manejable, poco líder, inseguro y débil de carácter.

- MEDIOCRE: la escogí entre flojo, perezoso, negligente y pasivo.

- EXPLOSIVO: la elegí entre grosero, patán y rebelde.

- IMPRUDENTE: la seleccioné entre perdido, confuso, desubicado, vago y falto de claridad.

Ahora por favor tómate el tiempo necesario para realizar tu ejercicio a conciencia. Por favor primero empieza haciendo una autocrítica y en el formato que encontrarás a continuación, escribe las limitantes que consideras, te están afectando. Después de hacer tu autoevaluación, busca a tus familiares, amigos, allegados y pregúntales:

-   ¿Cuáles consideras que son las principales actitudes, que limitan la efectividad y liderazgo en mi vida?

Asegúrate de preguntarles a las personas más significativas que componen cada uno de tus diferentes entornos. Es importante que puedas obtener diferentes puntos de vista, pues es muy probable que algunas de las limitantes que te expresen tus compañeros de trabajo no sean las mismas que te dirán tus familiares en casa.

Por ejemplo, cuando hice el ejercicio nadie de mi entorno laboral me percibió explosivo, sin embargo, cuando le pregunté a mi esposa fue la primera limitante que me recalcó. Esto se debe a que en algunos entornos nos comportamos ligeramente diferente, debido a los distintos roles que desempeñamos. Así que, para obtener un buen insumo y hacer lo mejor posible este ejercicio, asegúrate de preguntarle a varias personas de diferentes contextos en tu vida.

Otra recomendación es que, si varias personas coinciden con la misma limitante, ponle un asterisco por cada vez que te la digan, ya que, si muchos perciben lo mismo, es importante que consideres identificarlo como una de las características principales de tu máscara. Recuerda tener una posición abierta y receptiva, cuando vayas a recibir el feed back limitante.

Como generalmente este tipo de espacios y conversaciones no se dan con regularidad, te pido que intentes escuchar sin oponer ninguna resistencia y le enfatices a las personas que te van a apoyar con el ejercicio, que sientan plena libertad de expresarte lo que ellos piensan acerca de ti.

Aunque no es un ejercicio cómodo, sí será un extraordinario aporte en tu vida, aquellos que con amor, respeto y compromiso realicen este ejercicio. Es muy probable que algunas personas se resistan a decirte algo "malo" sobre ti, especialmente si tienes hijos pequeños o algunos amigos o familiares que no les gusta generar conflicto; pero es importante que hagas el esfuerzo de explicarles que realmente no te están hablando a ti, sino a tu máscara o falsa identidad

y que depende de ellos que te den una buena
retroalimentación, para que tu puedas mirarlas con
lupa y poder reconocer lo que te impide alcanzar una
mejor versión de ti mismo.

FEED BACK LIMITANTE			
AUTOCRÍTICA	FAMILIARES	AMIGOS	ENTORNO LABORAL

Por favor intenta no seguir leyendo, si no has hecho tu
lista.

Espero hayas podido hacer una lista amplia. Ahora por
favor, reflexiona sobre cuáles podrían ser las tres o
máximo cinco limitantes que sabotean la efectividad y
liderazgo en tu vida. Revisa la lista, escoge las
limitantes que más incomoden a tu ego y asegúrate de

no tener sinónimos en ella.

MIS PRINCIPALES LIMITANTES

____

____

____

____

____

SEGUNDO PASO: **BAUTIZA TU MÁSCARA Y SEPÁRALA DE TU IDENTIDAD**

La segunda parte de este ejercicio consiste en crear un personaje que represente esas características limitantes de nuestra personalidad. La idea es que podamos asociar con nuestro ego todas aquellas actitudes y comportamientos infectivos con los que reaccionamos, cuando él se apodera de nosotros. Hacer esta distinción nos permitirá anclar más fácilmente, que no somos esa falsa identidad y que simplemente es una faceta, cuando actuamos desde el miedo; ya que cuando estamos centrados en el amor, que es la mayoría del tiempo, expresamos nuestra verdadera esencia.

Te sugiero que el nombre que elijas para bautizar a tu ego, sea algo te genere rechazo, de esa manera será más fácil tomar conciencia, que debes controlarlo cuando entra en escena. Tal vez una de las principales barreras de la transformación interior es que algunas personas sienten simpatía con la forma de expresar su ego, justificando su actuar o incluso "enamorándose" de ese aspecto de su personalidad, algunas frases que bloquean nuestra transformación son:

- *"Yo como siempre hablo sin filtros, si le gusto bien y sino, pues de malas… así soy yo, directo y claro y no lo pienso cambiar".*

- *"A mí no me gusta la gente tibia, yo estoy convencido que uno debe tener carácter y ser radical y no andar en medias tintas".*

- *"En la vida es mejor conformarse y aprender a mantenerse relajado frente a la adversidad, sino lo puedo cambiar, qué sentido tiene vivir estresado".*

Estas y muchas más creencias impiden la transformación del ser humano; confundiendo el ser franco con ser indolente; el ser firme, con ser intransigente; o tener paz y equilibrio con ser negligente. Ciertamente, creo que los seres humanos debemos aceptar que las actitudes limitantes de nuestra máscara, han sido de utilidad en algunos momentos de nuestra vida, pero una cosa es abrazar nuestra sombra y comprenderla y otra muy diferente es, enamorarnos de ese aspecto limitante de nuestra personalidad. De ahí, la importancia de elegir un nombre para nuestra máscara que verdaderamente nos genere rechazo y nos anime a desear transformarla y avanzar en nuestro desarrollo integral.

El nombre que elegí para mi máscara o personaje limitante fue: REBELDIÑO. Y decidí ponerle ese nombre porque recordé que de niño y aún de adulto me irritaba mucho que me dijeran que era rebelde. Lo cual me pareció muy efectivo para nombrar una máscara que necesitaría transformar.

Otras personas deciden bautizar su máscara con el nombre de un alimento que detestan o con el nombre de algún personaje antagónico de una película o simplemente lo diseñaron con las iniciales de cada una de las características limitantes. En fin, lo importante es nombrarlo con algo que te genere rechazo y poder separarlo de tu identidad, es decir, no uses ninguna referencia que tenga que ver contigo mismo, como apodos o sobrenombres.

Recuerdo que para mí fue muy impactante el momento en que estaba presentando mi personaje limitante por primera vez en un seminario. Estaba diciendo: *Yo soy Rebeldiño y soy PERMISIVO, MEDIOCR...* y en ese momento me interrumpió mi entrenadora y me dijo:

- *¡Detente! Así no es el ejercicio. Primero debes decir tu nombre, después el de tu máscara y luego las características limitantes que la identifican, pues el propósito del ejercicio es que dejes de identificarte con tu ego y su construcción. **Deja de decir que eres esos comportamientos, eso es sólo tu máscara y sale en los momentos en que el miedo se apodera de ti.***

Así que después del "regaño" y siguiendo la recomendación, me presente frente al grupo diciendo: *MI NOMBRE ES ALEXANDER DEVIA ESCOBAR, MI MÁSCARA SE LLAMA REBELDIÑO Y SUS LIMITANTES SON: PERMISIVO, MEDIOCRE, EXPLOSIVO E IMPRUDENTE.*

La verdad, desde ese día empecé a sentir un gran alivio al tomar consciencia, que soy un ser humano maravilloso y perfecto; pero es mi ego y su disfunción, el que desafortunadamente en algunos momentos toma el control de mi ser, para lastimarme o lastimar a los demás. Poner a nuestro ego en tercera persona nos servirá para identificar claramente, cuando entra en escena y también se convertirá en una excelente herramienta terapéutica, para comprenderlo y ayudarle a superar su disfunción. Tomemos consciencia, que la única manera de transformar el miedo en nuestra vida, es a través del amor; y recordar que nunca se pelea contra la oscuridad, solo basta con que llevemos la llama del amor para iluminarla. Eso es justamente lo que nuestro ego necesita... una conciencia despierta al amor.

Así que por favor completa estas frases:

Mi nombre es ______________________________

mi máscara se llama _______________________

y sus limitantes son: ____________, ____________,

______________, ____________, ____________.

Identificar lo que no somos, es como reconocer la maleza en nuestro terreno y para sacarla de ahí, se requiere un gran compromiso y mucha valentía. Es muy probable que, al retirarla, sintamos que perdemos algo de nuestra identidad, pues llevaba tanto tiempo ahí, que estábamos acostumbrados a ella y era normal sentirla parte de nosotros. He escuchado a muchas personas decir: ¡Ya no sé quién soy! Lo bueno de identificar la maleza, es que podremos reconocer más fácilmente nuestra verdad y con ella reconectar con las demás virtudes, que se encuentran en el fondo de nuestro equipaje.

TERCER PASO: **RASTREA TU INFANCIA Y COMPRENDE LA DINÁMICA DE TU PERSONALIDAD**

Ya teniendo claro nuestro personaje limitante y reconociendo que es una construcción del Ego, para relacionarse con el mundo; el siguiente paso es rastrear como fue que se creó y cuáles fueron los factores desencadenantes que permitieron que nuestras principales virtudes, se distorsionaran y crearan esas limitantes.

Hacer este rastreo de manera profunda, nos permitirá identificar los **Miedos Básicos**, y comenzar el proceso de transformación de paradigmas despotencializadores, con lo que podremos reafirmar que definitivamente no existe nada malo en nosotros, ni en las personas que nos rodean. Es extraordinario reafirmar que somos una maravillosa esencia de amor, que simplemente se fue recubriendo de una máscara que oculta nuestra grandiosa luz.

De las distintas filosofías y teorías que he estudiado sobre el desarrollo de la personalidad y la forma en que se crean nuestros miedos, hace muchos años descubrí el Eneagrama y me apasioné con la forma tan clara y contundente como se describen los diferentes arquetipos de la personalidad y la manera en que se desarrollan, dependiendo de la experiencia personal. Aunque este no es un libro sobre el Eneagrama, me apoyaré en sus fundamentos para desarrollar la teoría de la maleta que planteo en este libro.

Lo primero que debemos hacer para comprender la dinámica de nuestra personalidad es: identificar cuales pudieron ser los miedos básicos, que se desarrollaron en los primeros años de nuestra vida. Para lograr este objetivo, es necesario rastrear en nuestra niñez (ideal con la ayuda de un profesional) cuáles fueron las heridas de infancia, que detonaron esos miedos.

Uno de los autores que más disfruto leer sobre este tema en Sir Richard Riso y en su libro "Comprendiendo el Eneagrama" plantea que de todos los miedos que existen, hay nueve que se consideran básicos, sobre los cuales se afianzan otros miedos secundarios y se estructura nuestra personalidad. Te comparto una breve descripción de los miedos, las actitudes y comportamientos más comunes que expone la obra de este autor:

- **MIEDO A FALLAR:** Tienden a desarrollar una personalidad fría e impersonal, con dificultades para expresar sus sentimientos y mostrarse espontáneamente. Buscan siempre ser mejores cayendo en el perfeccionismo. Usualmente críticos, enfocados en el error, sobre los aciertos. Reservados acerca de sus sentimientos y con dificultades para expresar y manejar su rabia.

- **MIEDO AL ABANDONO O A LA SOLEDAD:** Pueden tornarse demasiado sensibles, celosos, controladores y posesivos con sus amistades, con tendencia al apego afectivo. Su amor, puede esperar retribución y tienden a creer que dan más de lo que reciben. Olvidan sus propias necesidades, esperando que los demás se las llenen.

- **MIEDO AL FRACASO:** Pueden parecer distantes, manipuladores, aduladores y competitivos, dispuestos a ganar a toda costa.

Tienden a mostrar siempre lo que la gente quiere ver, cambiando según los requerimientos de la situación. No son muy sentimentales, han puesto sus metas por encima de sus emociones, por lo tanto, están fuera de contacto con ellas. Por lo general las personas no los perciben auténticos.

- **MIEDO A SER TRIVIAL O DEL COMÚN:** Tienden a ser depresivos, a sentir que existe algo dentro de ellos que no está bien y que no encajan en este plano. Solitarios, susceptibles a las críticas, suelen auto castigarse y buscan el sentido de la vida para salir de lo superfluo. Tienden a exagerar con dramatismo, las situaciones que perciben adversas, propensos a conductas autodestructivas.

- **MIEDO A NO ENTENDER LA VIDA:** Tienen mucho miedo al ridículo, solitarios, de pocas amistades. Planean y les encanta tener todo "fríamente calculado". No son amigos de las fiestas, bailes, sorpresas, ni desenfrenos. Tienen a ser individualistas, no les gusta trabajar en equipo, son autosuficientes y piensan demasiado por lo que caen en "parálisis por análisis".

- **MIEDO AL RECHAZO:** Tienden a ser inseguros y a temer a la desaprobación. Les cuesta mucho relacionarse con figuras de autoridad, ante quienes se muestran sumisos casi siempre (cosa que les molesta mucho de sí mismos). Propensos a estresarse y a vivir preocupados por el futuro, les molesta que los demás no sean tan cumplidores como ellos. Constantemente se compara con los demás y se tornan indecisos, preguntando constantemente a quienes consideran aptos, sus opiniones.

- **MIEDO AL SUFRIMIENTO O AL DOLOR:** Tienden a ser impulsivos "actuar antes de pensar", quieren siempre más de lo que les gusta y lo quieren inmediatamente, por lo que pueden caer fácilmente en adicciones. No les gustan las situaciones tristes o de sufrimiento, por eso prefieren mantenerse en la superficie de la vida. No les gusta el encierro, ni nada que los pueda separar de los placeres de lo físicos.

- **MIEDO A LA DEBILIDAD:** La gente a su alrededor puede sentirse opacada o lastimada por su excesivo liderazgo. A veces lastiman a los demás por su estilo directo y *"sin pelos en la lengua"*. Tienden a ser demasiado agresivos y se les dificulta pedir perdón (es más fácil dar un regalo sin referirse al suceso). Apegados a su razón y a su poder, imponen su voluntad.

- **MIEDO AL CONFLICTO:** evitan a toda costa cualquier situación conflictiva, volviéndose pasivos, perezosos y evasores. Tienden a identificarse con una persona o creencia y a vivir pegado a ella sin dar todo lo que pueden. Les cuesta trabajo expresar lo que no les gusta, por miedo al conflicto, por lo que se guardan sus emociones y sensaciones, pero después pueden ser reactivos y explotar cuando ya no logran controlarlas.

Cuando logres identificar cual puede ser tu **miedo básico**, será más fácil reconocer cuales fueron las virtudes que más tuviste que sobre desarrollar en tu infancia y posteriormente se convirtieron en tus principales limitantes.

Te comparto las conclusiones del rastreo de mi infancia donde identifiqué cuales fueron las virtudes que, de acuerdo a mi interpretación de las experiencias, decidí sobre desarrollar y cómo se fueron distorsionando, hasta convertirse en las limitantes que hoy identifican a mi mascara o falso yo:

RASTREANDO A REBELDIÑO

Lo primero que debes saber es que provengo de un maravilloso hogar del que tengo incuantificables y hermosos recuerdos. Tuve la suerte de crecer en una gran familia, donde mi padre y madre estuvieron siempre presentes luchando por satisfacer las necesidades de sus cinco hijos. Sin embargo, como en toda gran familia se presentaron conflictos y eventos que dejaron huella y que determinaron mi personalidad. Por ejemplo, a los doce años me enteré que mis hermanos mayores no eran hijos biológicos de mi padre, lo que me hizo entender por qué yo tenía tantos privilegios. Lo que había empezado como una bella sensación de "ser especial", se había convertido en culpa por sentirme "el favorito" y ya no lo disfrutaba tanto.

Cuando mi padre decidió apostarle al hogar, mi hermano mayor ya tenía cinco años y mis dos hermanas tenían cuatro años y dos meses, respectivamente. Cabe aclarar que, aunque las experiencias desde ese momento fueron las mismas para ellos tres y los dos hijos que llegamos después, cada uno de los cinco hermanos, las vivió e interpretó de manera diferente en su interior. Frente a la misma infancia, cada uno desarrolló una personalidad con miedos y virtudes específicas, intentando gestionar de la mejor manera los acontecimientos que se generaban al interior de nuestro hogar. Por eso se dice que los hijos son como los dedos de la mano, todos pertenecen a la misma extremidad, pero cada uno es diferente.

Por ejemplo: Todos tuvimos que vivir el temperamento de nuestro padre cuando algo no le gustaba y reaccionaba de forma violenta y agresiva; frente a esto, cada uno desarrolló una estrategia diferente para manejar la situación, ya fuera para evitar que sucediera o para enfrentarla. En mi caso, la estrategia era ser obediente y complaciente, para intentar impedir el problema, pero cuando mis padres discutían, en muchas oportunidades me colocaba la almohada en la cabeza queriendo dejar de escuchar la pelea. Con el paso de los años esta situación generó en mí, un profundo miedo al conflicto y la manera como gestioné ese miedo, consolidó la dinámica personal que utilizaría siempre para evitarlo o huir.

Aunque no tengo el aval para hablar sobre la dinámica de la personalidad de cada uno de mis hermanos, si puedo asegurar que definitivamente cada uno desarrolló un miedo distinto. Cinco hermanos, cada uno con personalidades totalmente diferentes. Así como yo desarrollé un profundo miedo al conflicto, en el resto de ellos se podrían evidenciar otro tipo de miedos, como: a fallar, a verse débil, al rechazo y al abandono. Esto reafirma lo importante de rastrear y comprender la forma como percibimos, interpretamos y actuamos, frente a las experiencias de nuestra niñez, sin cometer el error de compararnos.

Cuando una persona desea elevar su estándar de liderazgo e impactar positivamente en su entorno, es necesario que primero comprenda la dinámica de su personalidad, antes de querer comprender la de los demás, pues esto no solo le ayudará a gestionar el cambio desde su interior, sino que además podrá actuar con autoridad e impactar auténticamente en la vida de las demás personas.

Lo siguiente es una breve descripción de cómo el miedo al conflicto hizo que "Rebeldiño" fuera ganando terreno, consolidando ese "falso yo", que por mucho tiempo confundí con mi verdadera esencia.

De la TOLERANCIA a la PERMISIVIDAD:

Como uno de mis principales objetivos era evitar los conflictos, la gran mayoría de las veces tuve una actitud conciliadora con lo que desde muy chico intentaba contener a mi padre, para que no se pusiera de mal genio. Desarrollé la TOLERANCIA, como una herramienta para impedir que las cosas se salieran de control. El problema era, que muchas veces tuve que sacrificar mi criterio o forma de pensar, para evitar que se iniciara una discusión. Esto me molestaba muchísimo, pues sentía que, por mantener la paz a mi alrededor, dejaba que la rabia se quedara en mi interior, contaminándome y juzgándome por quedarme callado y no hacer valer mi opinión.

Con el paso del tiempo esto fue lo que llevo a REBELDIÑO a desarrollar una actitud PERMISIVA, por miedo a perder la tranquilidad que tanto deseaba. Fueron muchas veces en las que, por evitar un conflicto con mis amigos, un desconocido o mi pareja, no expresaba las cosas que realmente me molestaban, llenándome de rabia. Y como es lógico en estos casos, esperaba que la copa rebosara, para expresar de manera explosiva e inefectiva toda la rabia reciclada por mi permisividad.

Hoy después de muchas vivencias, comprendo que: una cosa es ser tolerante y otra muy diferente es ser permisivo o sumiso. Y que los miedos, en este caso al conflicto, no nos pueden seguir gobernando; lacerando nuestras relaciones o permitiendo experiencias que nos lastiman.

De la SENCILLEZ a la MEDIOCRIDAD

Aunque en mi niñez siempre vi a mis padres trabajando fuertemente, tal vez no fueron el mejor ejemplo de administración de riqueza. Recuerdo, que la gran mayoría de conflictos que se iniciaban en mi casa, eran por culpa del dinero; ya sea porque en ocasiones no era suficiente; o porque el que llegaba, se iba demasiado rápido. Una de las estrategias que empecé a utilizar para intentar mitigar esta situación, fue dejar de exigir cosas costosas o de marcas importadas, pues pensaba que de esa manera le quitaba un poco de presión a las finanzas familiares.

Recuerdo que, en mi colegio, mis amigos ostentaban los zapatos de moda, unas botas de velcro "Reebok", sin embargo, yo usaba la copia nacional marca "Aero FLEX", cuatro veces más económica. Aunque al principio era susceptible a las bromas de mis compañeros, al final terminé por ignorar las burlas y mis compañeros me dejaron de molestar.

Fui creciendo y esa sensación de carencia prevalecía, aun en las épocas de abonanza, pues sentía que mis padres se esforzaban mucho para sostenernos en el nivel social al que pertenecíamos. Esto me llevo a desarrollar una personalidad irreverente frente a las normas que me imponían y entre ellas a no darle tanta importancia a la forma en que me vestía.

Intentar mostrarme relajado o despreocupado, no solo me sirvió para liberarme de la presión de los estereotipos sociales, sino que además me ayudó a empezar a diseñar una identidad más conectada con mi comodidad. Pero, a pesar de que esta es una maravillosa forma de ver la vida, la falta autoconocimiento propia de un adolescente con pocas bases espirituales, facilitó que esa SENCILLEZ, se transformara en una manera irreverente de expresarme en la vida. Confundí, querer una vida tranquila, con no esforzarme lo suficiente para lograr mis objetivos. Empecé a rodearme de personas que no me exigían ser mejor, con lo que desarrollé una personalidad orientada a la MEDIOCRIDAD, como una de las bases con la que REBELDIÑO, limitó mis estándares de vida.

Del APASIONAMIENTO a la EXPLOSIVIDAD

A pesar de haber estructurado una personalidad relajada y pasiva, en donde la falta de perseverancia me hizo renunciar a proyectos importantes; cuando algo realmente me motivaba, se despertaba en mí una fuerza motriz, que me hacía comprometerme con pasión. Tal vez no fui un buen estudiante, pero si me destaqué como deportista y especialmente como activista de grupos juveniles, con causas sociales.

Generalmente cuando algo hacía clic en mí, le ponía todas las ganas y empeño, pero me molestaba muchísimo que las personas que estuvieran conmigo en ese proyecto no vivieran en la misma frecuencia de excitación. Cuando los resultados no se daban como esperaba, toda esa fuerza pasional se desbordaba y perdía la paciencia y la tolerancia, tornándome impaciente, grosero y EXPLOSIVO. Esta es una característica que modelé de mi padre; siempre que él tomaba la decisión de hacer cualquier cosa la desarrollaba con toda la intensidad del caso, no importaba si fuera algo de su trabajo o de la casa, su forma de expresarse era tan enérgica, que literalmente su cuerpo vibraba.

De alguna manera el profundo amor que sentí toda la vida por mi padre y en especial esos primeros años de infancia, marcaron una profunda influencia en mí. A pesar de que me estresaba muchísimo la manera inefectiva como a veces nos trataba, la forma atrevida en que se colaba en las filas para ingresar al estadio de futbol y su modo brusco de conducir, siempre terminaba avalando sus métodos; pues después del maltrato él se resarcía con regalos, yo ingresaba al estadio antes que los demás y sentía que mi padre era Emerson Fittipaldi, ganándole a otros conductores; todo esto me hacía amarlo y aceptarlo tal como era.

Fueron muchos episodios en los que lo amé y le temí, al mismo tiempo y fue esa dualidad la que REBELDIÑO, consolidó como su estrategia para hacer que las cosas pasen.

De la ALEGRIA a la IMPRUDENCIA

Tal vez una de los más grandes retos que me ha impuesto REBELDIÑO, es controlar la imprudencia y desfachatez, pues éstas han sido las limitantes con las que, sin intención, he afectado a muchas personas en mi vida. Siempre he sido una persona jovial, que de corazón desea hacer sentir bien a los demás y encontré en el sentido del humor y la ALEGRÍA una buena forma de lograrlo. Desde muy niño descubrí que, si asumía la adversidad con un poco de humor, no solamente mitigaba el impacto de la crisis, sino que además evitaría que mi autoestima colapsara.

Reírme de las burlas que mis compañeros me hacían por no tener los zapatos de marca o hacer un chiste cuando el director del colegio se acercaba a sacarme del salón, porque no habíamos cancelado la mensualidad o incluso hacer reír a mis primos y hermanos después de un merecido castigo, por hacer algunos daños en la casa, fue la estrategia que tomé para suavizar los momentos "difíciles" en mi infancia. El problema fue, cuando el sentido del humor se desbordaba, me facilitaba hacer chistes o comentarios de mal gusto en situaciones o momentos que no eran pertinentes. Así como mi buen humor ha logrado acercarme a muchas personas, LA IMPRUDENCIA ha sido la causante de que otras más, se sintieran incomodadas con mis comentarios y alejaran de mí.

Este ha sido un breve recuento de lo que fue rastrear algunas de las experiencias que determinaron los miedos y limitantes que caracterizaron mi falsa identidad y la creación de mi máscara.

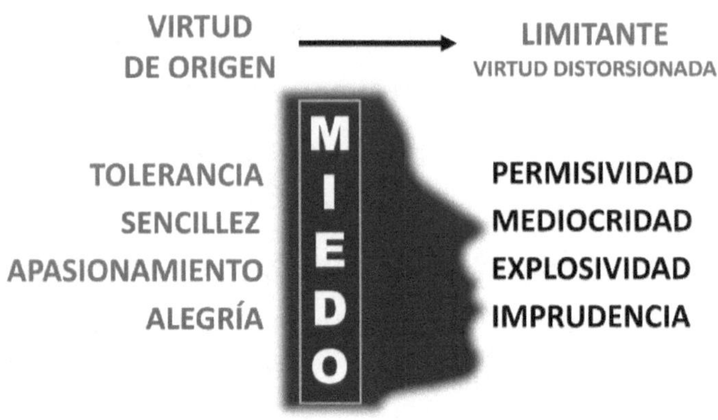

Lo ideal es que te animes a profundizar en tu historia y puedas descubrir los miedos y heridas que desencadenaron la consolidación de cada una de las limitantes de tu máscara. Sé que es un reto grande ahondar en el pasado, pero te aseguro que vale la pena hacer el esfuerzo, ya que este ejercicio se convierte una maravillosa herramienta para sanar tu historia y será el punto de inicio para transformar las actitudes inefectivas, que apocan tu liderazgo.

Cuando somos capaces de identificar nuestro falso YO y comprender su dinámica, nuestra verdadera esencia comenzará a emerger y con ella, nuestra percepción cobrará un nuevo sentido. En este proceso, la empatía y el amor al prójimo, serán pilares fundamentales para nuestras relaciones, pues al comprender esta teoría, tenemos claro que cada persona tiene su propia máscara.

Con un trabajo profundo y constante lograremos discernir entre los comportamientos de una persona y su verdadera esencia, ya que nos será más fácil ver el valioso ser humano que también ha sido preso de su propio ego, condicionado por una dolorosa infancia. Tomar consciencia de esto, nos permitirá decidir, si nuestras relaciones personales las volvemos un verdadero infierno o las direccionamos hacia un poderoso proceso altamente espiritual, donde seamos capaces de reconocer nuestra esencia y la de los demás, independiente de los comportamientos y actitudes que nos limitan.

Para lograr profundizar en tu historia e intentar rastrear tus primeros años de infancia, primero es necesario descongelar algunos recuerdos. Para este fin puedes utilizar diferentes recursos que te conecten con tu pasado: videos, fotos, charlas con algunos familiares o apoyarte en un proceso de terapia personalizada que te facilite recordar. El objetivo es que logres identificar las principales virtudes de origen que debiste desarrollar para gestionar los principales retos de tus primeros años y que, con el paso del tiempo, se transformaron en las virtudes distorsionadas (limitantes) que estructuraron tu personalidad.

Después de reflexionar sobre el resultado. Por favor completa el siguiente cuadro.

DINÁMICA DE MI PERSONALIDAD

VIRTUD DE ORIGEN	M I E D O	VIRTUD DISTORSIONADA

CUARTO PASO: **PERDONA Y LIDERA CON LIBERTAD**

Liderar con un corazón lleno de odio y rencor bloquea o destruye todo aquello que se desea alcanzar. Es paradójico y triste ver las infinitas evidencias que deja el ser humano, cuando busca alcanzar un objetivo individual o colectivo; ya sea el control de un territorio, administrar un recurso natural o poder vivir libre y en paz, pero que por albergar resentimientos sin sanar, terminan con escenarios caóticos donde los individuos quedan en un bucle de desesperanza y desolación.

Los interminables conflictos sociales, religiosos y políticos en oriente medio son un claro ejemplo de cómo el veneno del odio y el rencor enclaustra a las comunidades en un ciclo interminable de destrucción. Estas emociones, son el combustible que usan los líderes para influir en su población y convencerlos, que la guerra es la única alternativa para lograr sus objetivos.

Nunca ha existido en la historia de la humanidad una guerra que haya generado paz y en medio de lo absurdo de seguir combatiendo la guerra con guerra, el universo se las ha arreglado para seguir enviando líderes valientes y excepcionales que, con un nivel de conciencia superior, han promovido la sana convivencia entre los seres humanos.

Desde la aparición de los primeros maestros espirituales conocidos masivamente: Lao Tse, Buda,

Jesús y Mahoma que hablaron del amor, el perdón y la resignificación del dolor, como insumo para inspirar a las comunidades a hacer un cambio en el mundo, han seguido apareciendo otros líderes que, inspirados por ellos, continúan dando luces de esperanza para la evolución de la humanidad. Mahatma Gandhi, logró la independencia de la india contra el Raj Británico con su filosofía de No Violencia y Nelson Mandela, a través del perdón lideró un movimiento político que acabó con el Apartheid en Sudáfrica; así mismo, existen millones de seres humanos con un corazón sano, que sin tanta visibilidad están liderando causas sociales, que promueven filosofías de vida donde el amor al prójimo y el perdón son la fuente de la transformación para un mejor vivir.

Por otro lado, un líder corrompido por la culpa o el resentimiento es una persona perjudicial para sí mismo y su comunidad, pues al ser vulnerable ante el escrutinio de la sociedad, no solo bloquea su poder interior, sino que además pierde confianza y credibilidad a la hora de liderar. Tristemente encontramos diferentes referentes de líderes inconscientes, que lejos de aportar a los buenos resultados, los empeoran. Por ejemplo:

- A nivel político, en los países donde existen diferentes conflictos bélicos, no se ha podido establecer con solidez procesos de paz, pues cada uno de los líderes que han intentado implementarlos, no han podido despojarse auténticamente de sus anclas de dolor y deseos de venganza en contra de sus adversarios políticos, lo que ha entorpecido cualquier probabilidad de reconciliación.

- En el entorno empresarial, es muy común ver líderes impositivos que tratan a sus colaboradores con autoritarismo y prepotencia, debido a que las figuras de autoridad en su infancia, les heredaron patrones de comportamiento inefectivos, en sus relaciones, donde el ejemplo, no es precisamente el principal insumo de su liderazgo.

- En el ámbito de las asesorías personales, es muy común encontrarnos con la falta de profesionalismo de algunos colegas que, con la mejor intención, pero permeados por su historia de vida sin sanar, aconsejan a su cliente desde su propio dolor, exhortándolos a tomar decisiones desprovistas de claridad y sensatez.

En la mayoría de los casos las personas no son conscientes que están actuando mal, ellos de verdad creen que tienen la razón y naturalizan sus acciones, pero cada vez que intenten influir en los demás, su cometido estará permeado por la dinámica de su personalidad. Su máscara siempre querrá tomar el control de la situación, guiando sus actitudes y comportamientos desde el miedo. Para este fin, el ego se aferrará persistentemente al pasado, gestionando inefectivamente sus relaciones y las situaciones que se presenten.

En este sentido podemos ahondar en los ejemplos presentados, logrando ir más profundo en la dinámica de su máscara, entonces es posible que:

- El líder que vio como los adversarios asesinaron a un familiar, siempre tendrá razones para odiarlos, justificar la guerra y desde ahí, liderar fracasadamente a una nación, en búsqueda de la paz. La falta de perdón y reconciliación ha dejado como resultado naciones cada vez más polarizadas por las posturas radicales de cada uno de los bandos.

- El empresario que desde niño le tocó padecer dolorosos castigos cada vez que cometía un error, hoy justifica que ser duro y brusco es la forma correcta de solucionar los problemas. Este tipo de líderes que no han podido soltar el peso de las cargas emocionales de su pasado, generalmente tienen una alta rotación de personal en sus organizaciones, generando un alto costo a la hora del balance de los resultados.

- Conocí el caso de una psicoterapeuta, que de niña fue abusada sexualmente durante muchos años por su padre, nunca se atrevió a denunciarlo y tampoco logró resignificar esa experiencia dolorosa. Su dolor la ha convertido en una activista implacable frente al tema del abuso sexual, el problema es que cuando atiende a otras mujeres que han pasado por la misma situación, revive sus heridas de infancia, permeando su acompañamiento terapéutico, con estrategias cargadas de resentimiento,

que dificultan el proceso de sanación de
sus pacientes.

La humanidad necesita líderes con corazones sanos, hombres y mujeres libres de sus cadenas de dolor y cargas emocionales, que hayan capitalizado su historia en una poderosa herramienta de inspiración, proyectando los invaluables beneficios de sanar las heridas del pasado y conectándose con su verdadero potencial. Líderes que inculquen en los demás la búsqueda de la paz interior, para desde ahí, resignificar su historia de dolor y utilizar esas experiencias como insumos para servir a los demás.

Para llegar a este objetivo, debemos comprender que solamente existe una manera en la que nuestra historia de vida, pase de ser una "maldición", a una "bendición"; y es que, a través del perdón, podamos aceptar el pasado y logremos aprender de él e incluso agradecerlo, pues por doloroso que haya sido, también constituyó la consolidación de las virtudes de nuestra personalidad. El Perdón, es la única forma en la que podremos convertir todo ese dolor, en un poderoso recurso, que luego utilizaremos para darle sentido a nuestra existencia.

Liberarnos del pasado, para liderar con libertad

Convertirnos en líderes de alto impacto donde toquemos muchas vidas, exige el gran compromiso de sanar el pasado, pues todos sabemos que la mejor manera de inspirar y liderar a otros es a través del ejemplo. Para elevar nuestro estándar de liderazgo, primero debemos resolver los conflictos interiores y encontrar la manera de sanar las heridas.

Es importante que a partir de este momento te des la oportunidad de reflexionar, sobre aquellos asuntos inconclusos que están saboteando la expansión de tu liderazgo. Preguntas como: ¿por qué me siento culpable? o ¿contra quién o quiénes siento rencor? Podrían ayudarte a reconocer las restricciones que no te dejan liberar tu máximo potencial.

Es muy probable que los patrones de comportamiento inefectivos en tu estilo de liderazgo, estén influenciados por las figuras de autoridad que tuviste en la niñez. Las formas de interactuar de papá y mamá o de las personas que cumplieron con ese rol; los profesores que admirabas o cualquier otra figura importante en tus primeros años, fueron determinantes para que anclaras la manera particular de relacionarte con los demás. De modo que, si reconoces que algunas de las características limitantes de tu máscara, coinciden con alguno de ellos, es muy probable que estén ancladas a alguna fractura emocional que requiere ser sanada.

Cuando logras perdonar a las personas que impactaron tus primeros años de vida, empezarás a forjar el camino que te conectará con tu más alto estándar de liderazgo.

Suelta las cargas emocionales

Después de haber identificado las heridas que marcaron el peregrinaje de tu infancia en el paso anterior, ahora es momento de liberar la carga emocional que nutre esas heridas. Para lograrlo te invito a que realices el siguiente ejercicio de escritura libre que te ayudará con este fin.

Este proceso de introspección propiciará la oportunidad para que tu inconsciente salga a flote y te permita exteriorizar en un espacio a salvo y en privado, todo aquello de lo que no te atreves a mencionar en público, pero que sabes que te afecta y limita tu confianza y seguridad.

Los seres humanos guardamos en nuestro interior dos tipos de "secretos" los que nos lastiman profundamente y los que no afectan nuestra paz interior. En ambos casos tenemos el derecho de no andar divulgando nuestro pasado. Sin embargo, los secretos que duelen y nos hacen sentir culpables o avergonzados, necesitan exteriorizarse para liberar la carga emocional y reestablecer nuestra autoestima y liderazgo.

Es posible que con esta actividad recuerdes personas o situaciones difíciles de perdonar. Soy consciente de lo complejo que resulta este proceso y aunque este no es un libro enfocado en este tema en específico, si es un proceso esencial para poder estructurar unas bases sólidas que posibiliten migrar a esa mejor versión.

De acuerdo a los diferentes autores, el perdón se basa en unos pasos específicos, que varían en número; sin embargo, todos coinciden que después de aceptar que sentimos rabia y dolor por lo que nos sucedió, es importante sacarlo de nuestro interior y expresarlo con responsabilidad. Es como cuando eres mordido por una víbora, el dolor cesará cuando hayas sacado todo el veneno de tu cuerpo. Justamente la actividad que te planteo a continuación, te permite realizar este proceso.

Es un ejercicio sencillo, pero profundo que te permitirá exteriorizar aquellas acciones tuyas o de otras personas que están afectando tu paz interior y que no has podido sanar y perdonar. Por ahora no te preocupes, ni pienses si merecen o no tu perdón, solo date el permiso de plasmarlas en una hoja de papel y desahogarte. El perdón es un acto de voluntad, que decides por los beneficios que trae en el futuro. Es probable que al comienzo no sea autentico, pero cuando las evidencias se reflejan desde tu interior, el perdón autentico llega y se vuelve una necesidad esencial que fluye con naturalidad. Así que cuando te sientas lista o listo, toma acción y realiza el ejercicio.

Primero, deja que lleguen a ti los recuerdos sobre esas situaciones, personas y acciones que te lastimaron y limitan tu libertad; posteriormente en una hoja en blanco, escríbelas sin detenerte a analizar, deja que tu inconsciente fluya y te muestre lo que debes soltar, sin releerlas; Por último, destruye el papel quemándolo en el fuego o diluyéndolo en el agua, esto facilitará que trasmutes el dolor. Este ejercicio de escritura libre, te ayudará a descongelar los recuerdos y posiblemente a tomar consciencia de otros, que no tenías en tu radar. Lo importante es plasmarlos en esa hoja, sin censurar las palabras, ni las emociones que se presenten.

Recomendaciones para el ejercicio de escritura libre:

1. Primero ubica un lugar privado, donde sientas la comodidad para realizar el ejercicio, sin interrupciones. Es ideal si

lo realizas en la noche, para que después puedas descansar.

2. Pon cerca un elemento de transmutación: prende una vela en un lugar seguro, pues no queremos incendiar el lugar. O si prefieres utilizar el agua, ten a la mano un recipiente con el líquido. Si deseas tener ambos elementos, estará perfecto.

3. Antes de empezar a escribir, cierra tus ojos y respira lento y profundo tres veces, mientras dejas que lleguen a ti los recuerdos. Tómate el tiempo de relajarte y dejar fluir las imágenes y sensaciones del pasado.

4. Cuando te sientas listo o lista empieza a escribir sin parar. No te preocupes por la redacción, la estética en la escritura o la ortografía. Recuerda no censurar tu expresión, solo permítete escribir lo que llegue en ese momento, sin juzgarte.

5. Cuando termines, reconoce la decisión de liberarte conscientemente de esas cargas emocionales y destruye la hoja, en el fuego o el agua.

6. Date una ducha de por lo menos 10 minutos e imagina que el agua se lleva toda la tristeza, rabia y dolor que queda en tu interior.

7. Toma una siesta o preferiblemente duerme hasta el otro día. No olvides apagar la vela.

Buena suerte y anímate a liberar tus cargas emocionales.

Perdonar es reconocer la esencia divina en cada ser

Otro paso importante en el proceso del perdón, es aprender a vernos a nosotros mismos y a los demás con benevolencia. Como lo hemos visto en los capítulos anteriores, debajo de cada máscara hay un ser humano que busca su propio bienestar, pero por estar preso en la oscuridad de su ego, se confunde y actúa de forma errática. No darnos el permiso de perdonar, castra inmediatamente la posibilidad de comprendernos o comprender a los demás. Esto no solo deshumaniza el propósito del liderazgo, también nos incita a seguir cometiendo los mismos errores, en la manera como pretendemos gestionar nuestras relaciones.

Para poder perdonar debemos ver el rosal detrás del muro. Es cierto que hay personas que por su nivel de inconsciencia, merecen estar lejos de ti o incluso en una cárcel. Pero si no reconocemos la esencia divina que habita en el interior de cada uno de ellos, difícilmente podremos cambiar nuestros comportamientos o inspirar la transformación en los demás. Recuerda que todos poseemos en nuestro interior el potencial para transformarnos y reparar nuestras vidas, pues estoy convencido que Dios, la vida o la naturaleza, no creó seres carentes de esa posibilidad.

> Sócrates decía: *"solo hay un mal: la ignorancia"* sin embargo la palabra griega utilizada por su discípulo Platón para traducir a Sócrates era **"Amathia"** que significa **¡No Sabiduría!**

La falta de conexión entre las acciones que llevamos a cabo y el propósito real que queremos alcanzar, es lo que en muchos casos no nos permite dimensionar, el daño que nos hacemos o le infligimos a los demás, con nuestras maneras de actuar. A esto se refería Platón cuando tradujo a su maestro.

Por ejemplo: un padre de familia que golpea y agrede fuertemente a sus hijos, sabe que está causando dolor, pero no lo hace porque los odia y desea arrasar con su autoestima; lo hace porque él cree, que esa es la manera correcta de corregirlos y de prepararlos en la vida, para que no sean débiles ¡Esa es su motivación! Es posible que ese padre de familia no tuviera la oportunidad de conectar con la sabiduría del amor, que lo llevara a encontrar pedagogías adecuadas.

Así mismo pudo haber sucedido con otras figuras de autoridad que nos lastimaron en los primeros años de vida, incluso con acciones más graves que generaron grandes fracturas emocionales como: violencia intrafamiliar, abandono, abuso sexual u otro tipo de vulneración. La opción que tenemos para que nuestro pasado deje de atormentarnos, es perdonar a todos esos seres humanos y pensar que lo hacían por "Amathía", es decir, no tuvieron la sabiduría para darse cuenta lo que estaban haciendo.

Recuerda las palabras del maestro Jesús, cuando estaba a punto de desfallecer en la cruz:

- ¡Padre, perdónalos porque no saben lo que hacen!

Aunque las personas no sean conscientes de sus actos, el perdón es un regalo que nos damos a nosotros mismos, no a las personas que percibimos que nos lastimaron. Lo hacemos, porque nos conviene, ya que nos libera de la ira que envenena nuestro corazón, facilitando que podamos construir un presente en paz.

Tal vez una de los grandes propósitos que alcancé y me permitió transformar la manera de relacionarme, fue realizar mi proceso de perdón con mi padre, cuando aún vivía. A pesar de amarlo y agradecerle por todo lo que me dio, mi padre fue la persona que más juzgué y critiqué por su manera de comunicarse cuando las cosas no le parecían. Lo paradójico era que, entre más lo juzgaba, más me parecía a él.

Después de muchos años comprendí que, no era que "odiara" a mi padre, en momentos donde su máscara salía a flote. Lo que verdaderamente pasaba era que lo amaba con mucha frustración, por la forma como a veces me trataba. Y entendí que, si yo quería elevar mi estándar de liderazgo, debía verlo con benevolencia para reconocer la verdadera esencia debajo de su ego y por fin, dejar de juzgarlo. Este fue el primer paso para poder fluir con él, disfrutarlo y no seguir repitiendo la historia con mis hijos.

Hoy le doy infinitas gracias a la vida por haberme permitido gozar libremente a mi padre en sus últimos 18 años. Desde el momento que logré sanar nuestra relación, me sentí más coherente y seguro de mí mismo.

Aprender a perdonar puede ser la mayor muestra, que estamos conectados con la verdadera sabiduría. Entre más experimentemos los maravillosos beneficios que se obtienen cuando nos liberamos, mayor será el impacto con el que influiremos en los demás, liderando nuestra vida con libertad.

Nota: Si has identificado situaciones muy difíciles de perdonar, anímate a buscar otros recursos. Existen infinidad de procesos y seminarios que están diseñados para este fin. Permítete hacer la catarsis necesaria, que te facilite seguir liberando el pasado y encontrar la paz que te mereces.

QUINTO PASO: **ENCUENTRA LAS VIRTUDES DE EQUILIBRIO**

Imaginemos nuestra personalidad como una limonada mal balanceada, ya sea porque quedó amarga con mucho limón y poca azúcar o porque quedó muy dulce y le faltó el ácido del cítrico. Así mismo es nuestra personalidad cuando se distorsiona, solo está un poco desbalanceada.

Por ejemplo: existen personalidades muy "ácidas" con características limitantes como: LA PREPOTENCIA, AGRESIVIDAD, PERFECCIONISMO O IMPACIENCIA. Estas actitudes generan roces y conflicto con los demás, pero si decidieran mezclarle un poco del dulce de la vida, tendrían que practicar LA HUMILDAD, AMOROSIDAD, FLEXIBILIDAD Y/O PACIENCIA, en la forma como se comunican y relacionan. De este modo, lograrían ganarse fácilmente el corazón de los demás, liderando con asertividad.

Por el contrario, encontramos personalidades desbalanceadas con exceso de dulce, que presentan limitantes como: PASIVIDAD, SUMISIÓN O INSEGURIDAD, colmando de dudas y vacilaciones, la toma de decisiones en sus vidas. Para optimizar su liderazgo y expresarse con mayor contundencia, estas personas deberán mezclarle un poco del zumo de la vida y aprender a ejercitar EL COMPROMISO, DETERMINANCIÓN Y/O SEGURIDAD.

Para "balancear" nuestra personalidad, es necesario aprender a sacar de la maleta las virtudes que equilibren nuestro temperamento. Démonos cuenta que no existe nada que debamos destruir o romper en nuestro interior, pues la esencia de cada uno de esos aspectos o comportamientos, nacen en algo bello y sublime. Lo que sí debemos hacer, es resignificar nuestras experiencias dolorosas y desde la conexión con la fuente de amor, lograr trascender en cada uno de esos aspectos que limitaron nuestra existencia. Recordemos que para ello nuestro PADRE, MADRE, VIDA nos envió con el equipaje necesario para lograrlo.

Si a veces nos vemos actuando de manera **prepotente y agresiva,** lastimándonos o lastimando a los demás, es nuestra máscara con miedo al fracaso o a la debilidad, la que nos hace actuar de ese modo. Esas limitantes que nutren la máscara, nacen en virtudes hermosas como la **seguridad y la fuerza,** que en algún momento de nuestros primeros años debimos "sacar del equipaje" para asumir los retos que la vida nos proponía y que, con el paso del tiempo, debido a experiencias que nos generaron miedo, se distorsionaron en actitudes limitantes.

Por esto la forma correcta de trascender frente a esos comportamientos, no es "peleando o destruyendo" lo que creemos que somos. Hay que Desechar la idea de "dejar de ser" **prepotente y agresivo**, pues así mismo nos tocaría dejar de ser **seguros y fuertes**, ya que son parte de la misma esencia. Mejor busquemos en el interior de nuestro equipaje espiritual, las virtudes que nos permitan equilibrar aquellas que se distorsionaron. La clave está, en ser cada vez más consciente de los momentos donde la máscara aparece y practicar nuestra virtud de equilibrio. Por ejemplo, "sacar de nuestra maleta" y desarrollar la **HUMILDAD**, cuando surge la máscara de la **Prepotencia**; o aprovechar la oportunidad para fortalecer la **PACIENCIA,** cuando nos tornamos **intolerantes, reactivos o Agresivos**.

No existe la varita mágica que desarrolle esas virtudes de equilibrio, sólo se logrará con la práctica consciente y constante. Está presupuestado que al comienzo nuestro ego nos gane la mayoría de las veces y nos dejemos llevar por el comportamiento limitante, pero el sólo hecho de reconocerlo y darnos cuenta cuando surge la máscara, será un maravilloso avance. **Pues el primer paso para descubrir quién somos, es reconocer lo que no somos.**

Retomando mi ejercicio personal, empecé a profundizar en cuáles podrían ser las virtudes que debería sacar de mi maleta, para controlar a "Rebeldiño" (mi máscara) y sus limitantes. Después de meditar y reflexionar profundamente sobre las falencias en mi estilo de liderazgo, descubrí que, para equilibrar la permisividad y pasividad, era necesario expandir la virtud del **liderazgo,** para así convencerme, que soy capaz de tomar decisiones y confiar en mi propio criterio.

Con el propósito de equilibrar la mediocridad y la pereza de Rebeldiño, era imperativo empezar a practicar **la excelencia y vigorosidad.** De este modo, elevaría mis estándares de éxito personal, impactando en todas las áreas de mi vida, empezando por el ejercicio físico como ancla, para sentirme bien conmigo mismo y llenarme de energía para cumplir otros objetivos.

Entendí, que la explosividad de Rebeldiño se daba principalmente por la desconexión con mi paz interior, por lo cual era necesario empezar a tomar conciencia de la sabiduría que solo da el amor por los demás y por lo que hacemos. Por esta razón, decidí que la **amorosidad** sería otra cualidad, que debía integrar a mi proceso personal, esforzándome en conectarme con el amor, cuando el Ego permeaba mi equilibrio emocional.

Por último, la **claridad** fue la virtud que elegí desarrollar, para evitar el impulso y las ganas de agradar a los demás con las que Rebeldiño y su humor imprudente, me llevaba a perder el enfoque del momento presente. Este nuevo enfoque me ayudó a estar más conectado en el aquí y el ahora, logrando asertividad en la comunicación y consecución de mis objetivos.

En conclusión, descubrí cinco virtudes de equilibrio que necesitaba sacar de mi maleta, para dejar de estar preso del miedo y empezar a transformarme desde el amor.

VIRTUD DE ORIGEN	VIRTUD DISTORSIONADA	VIRTUD DE EQULIBRIO
TOLERANCIA	PERMISIVIDAD	LIDERAZGO
SENCILLEZ	MEDIOCRIDAD	EXCELENCIA Y VIGOROSIDAD
APASIONAMIENTO	EXPLOSIVIDAD	AMOROSIDAD
ALEGRÍA	IMPRUDENCIA	CLARIDAD

Identificar las virtudes de equilibrio nos permitirá fijar los indicadores conductuales, con los cuales podremos medir nuestro avance y determinar las estrategias de mejoramiento continuo, que nos facilitarán expresar nuestro máximo potencial. En mi proceso, logre elevar el nivel de resultados expandiendo con compromiso: el **liderazgo, excelencia, vigorosidad, amorosidad y claridad,** dándole un nuevo significado a mi desarrollo y bienestar integral.

Si logras realizar este ejercicio con dedicación, podrás comprender la dinámica de tu personalidad identificando tus miedos básicos, las virtudes de origen, las virtudes distorsionadas y de equilibrio, avanzando en el reto de expandir tu liderazgo.

Para facilitarte este proceso, te comparto un cuadro que reúne características esenciales, que representan las diferentes sub personalidades de acuerdo a sus miedos básicos.

Miedo Básico	P/pales Virtudes	P/pales Limitantess	Virtudes de Equilibrio
A no ser amado A ser abandonado A no ser apreciado	Generosidad, empatia, servicio, sensibilidad, entrega, nobleza, solidaridad, detallista	Susceptibilidad, orgullo, versatilidad, manipulación, servilismo y apego afectivo	Amor incondicional, amor propio, desapego afectivo, autocuidado, aceptación
Al fracaso Al rechazo A no ser reconocido	Efectividad, carisma, practicidad control emocional, éxito, poder de conviccion, creatividad.	Apego a la imagen, vanidad triunfalismo, protagonismo narcisismo, honestidad, frialdad	Humildad, honestidad, solidaridad transparencia, sencillez, sensibilidad y amorosidad
A no encontrar el sentido de la vida, a ser trivial A ser común y corriente	Creatividad, sensibilidad, originalidad, profundidad sentimental, introspección	Envidia, depresión, aislamiento apego al dolor, evasión, introversión autodestrucción, existensialismo	Equilibrio emocional, apertura, autoevaluación, alegría, fortaleza interior, honestidad emocional

Miedo Básico	P/pales Virtudes	P/pales Limitantess	Virtudes de Equilibrio
Al ridículo Ano entender el mundo A ser agredido	Capacidad de análisis, brillantes y creatividad mental, percepti-bilidad, introvisión, inventiva	Avaricia, rigidez mental, autosuficiencia, prevención, aislamiento, actitud defensiva	Sensibilidad, conexión con el corazón y con la acción, desapego, apertura al compartir, humildad, flexibilidad, expontaneidad.
Al rechazo A no tener la aprobación de lo demás	Lealtad, responsabilidad, amabilidad, compromiso, sencillez confiabilidad, respeto	Angustia, miedo, falta de criterio, pasivo-agresivo, indecisión, debilidad	Autonomía, fuerza, criterio, auto-afirmación, asumir riesgos, auto-confianza y liderazgo
Al dolor y al sufrimiento	Optimismo, alegría, energía vitalidad, entusiasmo y multitalentoso	Materialismo, hiper activo, consumidor mundano, egocentrismo superficialidad, inestabilidad	Introspección, enfoque, mesura, fortaleza ante la adversidad, valentía, conexión con su interior

Miedo Básico	P/pales Virtudes	P/pales Limitantess	Virtudes de Equilibrio
A la debilidad A perder el control o el poder	Fuerza, liderazgo, valentía, franqueza, decisión, energía, seguridad	Agresividad, venganza, imposición control sobre los demás, conflictivo beligerante, amedrentador	Sensibilidad, amorosidad, apertura a la escucha, humildad, moderación conciliación, paz
Al conflicto A perder la unión con el otro	Humildad, nobleza, conciliación estabilidad, paciencia, ecuanimidad, receptividad	Pasividad, evasión, represión, pereza, rutina, poca perseverancia complacencia, débil criterio	Honestidad, perseverancia, compromiso autonomía, fuerza, seguridad, franqueza adaptabilidad al cambio
A equivocarse y a fallar	Ordenado, eficiente, de alta moral y principios, control emocional buscador de la excelencia	Perfeccionista, ira reprimida, trabajólico, moralista, regañón, inflexible, inteligente, dogmático	Flexibilidad, tolerancia, sensibilidad, amorosidad, paciencia, aceptación, espontaneidad, libertad

Es muy probable que te identifiques con muchas virtudes que aparecen en las diferentes filas, recuerda que en esencia las tenemos todas, pues nuestro PADRE, MADRE, VIDA nos creó a su imagen y semejanza; y cuando estamos en sintonía con nuestra fuente de amor, emergen fácilmente. Sin embargo, la dinámica de nuestra personalidad está determinada por nuestros miedos y virtudes distorsionadas (limitantes), así que, para lograr el propósito de este ejercicio, te pido que te centres en reconocer: Cuáles son tus principales limitantes y desde ahí logres construir la dinámica de tu personalidad.

Cuando tengas claro el ejercicio, por favor desarrolla el siguiente formato.

DESCUBRIENDO MIS VIRTUDES DE EQUILIBRIO

VIRTUD DE ORIGEN	MIEDO	VIRTUD DISTORSIONADA	VIRTUD DE EQUILIBRIO

De esta manera concluimos la primera parte del ejercicio: Identificar lo que no somos, para después conectarnos con nuestra verdadera esencia. En los siguientes pasos vamos a enfocarnos en crear una poderosa herramienta, que nos permitirá "gestionar" nuestra máscara y será la piedra angular, donde edificaremos nuestra visión de futuro.

CUANDO DICES YO SOY... DECRETAS TU "REALIDAD"

"YO SOY...", "DIOS ES..."

Muchas personas todavía no son conscientes del poder de los decretos verbales y cómo estos determinan su realidad. Cada vez que decimos "YO SOY..." de una manera consciente o no, estamos generando mandatos (frecuencias vibratorias) que repercuten a todo nivel en nuestro interior. La gran mayoría desconoce que esta expresión es profundamente poderosa, pues espiritualmente simboliza la conexión intima en la que el ser humano es uno, con la fuente creadora de la vida.

Cada vez que expresamos **"Yo Soy…"** de manera consciente, no solo reconocemos nuestro origen divino, también estamos activando nuestro potencial creativo para atraer lo que deseamos o para solucionar cualquier adversidad que se nos atraviese, ya que al ser uno con Él, contamos con el potencial divino para lograrlo. Así que a nivel espiritual decir "YO SOY" tiene la misma connotación de decir "DIOS ES…", el punto está, en sí lo reconoces, o no.

Cuando tenemos la certeza y sentimos que somos guiados por el amor y poder de nuestro PADRE, MADRE, VIDA, sencillamente dejamos de "creer", para "saber" que somos una extensión de ese poder, al servicio de la creación.

Creer en Dios, se basa en el convencimiento a través de una religión de que Él existe, sin embargo, saber de Dios implica sentirlo y desarrollar una relación profunda con Él, donde confiamos siempre en su voluntad. Cuando la fe se basa en solo una creencia, se necesita del apoyo de una doctrina para sustentarla. Pero cuando nuestra fe descansa en la experiencia espiritual, no necesariamente requerimos de un sistema religioso para mantenerla, solo basta con cerrar los ojos, respirar profundamente para sentirnos y saber que Él está más cerca de nosotros, que nosotros de nuestra piel.

En 1959 en una entrevista de la BBC de Londres a Carl Gustav Jung, psicólogo y psiquiatra suizo, fundador de la escuela de psicología analítica, se le preguntó:

- ¿Cree usted en la existencia de Dios?, a lo que respondió enfáticamente:

- *"¡Yo no creo, **yo sé!**".*

Su respuesta generó un sinnúmero de reacciones referente a, qué fue lo que quiso decir. ¿Cuál era la discrepancia entre creer y saber?, sobre todo porque él defendía la teoría, que todos los seres humanos instintivamente invocábamos a Dios cuando se nos presentaba una situación abrumadora en nuestra vida, independiente si se creemos o no, en una doctrina religiosa, ya que esta reacción es una respuesta primitiva, que el ser humano expresa involuntariamente, al necesitar sentirse protegido por una fuerza superior. Carl Jung estaba tan convencido de su postura, que en la entrada de su casa, reposaba un letrero atribuido al Oráculo de Delfos que indicaba:

"VOCATUS ATQUE NON VOCATUS DEUS ADERIT"
(*"Invocado o no invocado, Dios está presente"*)

Así que cuando decimos "Yo Soy", estamos invocando la fuente de creación, de ahí la importancia de las palabras con las que acompañamos esta afirmación, pues esto no solo reafirmará el poder del influjo de la luz de la Conciencia en tu Ser, sino que además determinará nuestros resultados y la manera en que materializaremos o no, lo que deseamos para nuestra "realidad".

"YO SOY..." ES EL SOFTWARE QUE DEBES APRENDER A PROGRAMAR

Para los que somos creyentes de una fuente de vida poderosa, sabemos que ella nos dotó de todo lo necesario para vivir de la mejor manera. El problema es que nuestra falsa identidad nacida del impulso del Ego, con el paso del tiempo se fortaleció en el inconsciente, construyendo una barrera mental que limitó nuestras posibilidades.

Algunos estudios basados en la programación Neuro lingüística, afirman que las enfermedades donde el ser humano inconscientemente se identifica con ellas son más difíciles de sanar. Por ejemplo, la gran mayoría de las personas que padecen de Diabetes o Hipertensión difícilmente logran superarla y una de las muchas razones, es porque ellos cuando se refieren a su padecimiento dicen: "Yo soy hipertenso" o "Yo Soy Diabético", generan desde lo más profundo de su ser una identidad con la enfermedad, haciéndola parte de ellos.

En cambio, otras personas que tal vez son diagnosticados con enfermedades terminales, como algún tipo de Cáncer, inexplicablemente logran controlar o incluso superar su padecimiento; gran parte de ello, se debe al manejo lingüístico en el que se refieren a la enfermedad o a las situaciones que les suceden. Una cosa es decir "padezco de Diabetes" y otra muy diferente es: "yo soy Diabético".

Así mismo nos sucede con nuestras limitantes o virtudes distorsionadas, es muy difícil cambiar un comportamiento, cuando estoy convencido de que lo soy. Muchos consciente o inconscientemente se reafirman todo el tiempo diciéndose: *"Yo soy muy inseguro", "Yo soy una persona tímida" o "yo soy incapaz de hacer esto o aquello",* etc. Con este tipo de afirmaciones, lo que estamos haciendo es fortalecer nuestra falsa identidad. Cada vez que emparejamos el Yo soy con algo negativo, aumentamos un enorme ladrillo a ese muro, que oculta nuestra verdadera identidad.

La Programación Neurolingüística (PNL) afirma, que los seres humanos instauramos nuestra realidad partiendo de la manera como interpretamos nuestras experiencias y las anclamos a nuestro presente, creando patrones de conducta que determinan nuestra capacidad; esto se debe principalmente porque existe una conexión entre los procesos mentales (neurológicos) y de lenguaje, que fijan nuestro comportamiento. Por ejemplo, cada vez que utilizamos los vocablos "YO SOY" estamos anclando una afirmación a nuestro sistema operativo, que finalmente determinará nuestra realidad.

Las personas somos como los ordenadores más potentes, dependemos de los softwares adecuados para funcionar y dar el máximo rendimiento. De nada servirá la capacidad del computador sino le descargamos los programas adecuados, para ejecutar las tareas. Así mismo funcionamos los seres humanos, muchas veces sub desarrollamos nuestras capacidades debido a la gran cantidad de paradigmas negativos o despotencializadores, que hemos descargado sistemáticamente en nuestra mente.

Para generar los cambios que nos permitan elevar nuestro estándar de liderazgo, debemos hacer dos ejercicios fundamentales: primero, identificar esos "programas maliciosos" que afectan nuestra mente limitando nuestras capacidades, esos "Yo soy" que permanentemente nos anclan a actitudes y comportamientos inefectivos, que sabotean nuestros resultados.

Y segundo, cambiarlos por los softwares adecuados. Necesitamos decretar nuevos paradigmas que nos anclen a comportamientos efectivos y nos permitan manifestar nuestro verdadero potencial, pues está comprobado por la PNL, que pensamos de la misma forma en que hablamos y viceversa; así que, si somos capaces de transformar nuestro lenguaje con palabras empoderadoras, desde la misma lingüística podremos transformar nuestros procesos de pensamiento, que al final, serán los que determinen nuestros resultados.

SEXTO PASO: **TOMA CONSCIENCIA DE TUS DONES Y APRENDE A CONECTARLOS CON TU PROYECTO DE VIDA**

Una de las cosas que más disfruto hacer en la vida es ver a gente virtuosa, manifestando su poder interior. A veces paso largas jornadas frente al televisor viendo programas como: La Voz, American Go Talent, El Factor X o cualquier otro Reality Show que permita a las personas mostrar sus grandes dones y talentos.

Me emociona ver la grandeza del ser humano hecho acción. Aunque estoy muy lejos de ser un experto en cualquier forma de expresión artística, me asombro mucho cuando me siento inmerso en una pintura, una poesía, una danza, escuchar un buen cantante, ver a un deportista de élite alcanzar sus metas o cualquier otra forma de expresión de la virtuosidad. De alguna manera, esa actuación me aísla por un instante de cualquier pensamiento analítico y por el contrario me enlaza con una sensación de poder y felicidad. El hecho de no saber de arte o de no darme cuenta si una persona es afinada, no me impide disfrutar del show, me alegra apreciar el poder que ese ser humano trasmite cuando deja fluir libremente sus dones y los ofrece para nuestro entretenimiento.

Sentir la grandeza de esa persona haciendo lo que ama y apasiona, me inspira para redescubrir y proyectar mi propia grandeza. Creo que al final, ese es el propósito de nuestra existencia, lograr conectar con nuestro verdadero poder y ofrecer lo mejor de nosotros al mundo, no solo porque es la manera en que recibiremos lo mejor del universo, sino además porque nos sumaremos a esa gran cantidad de seres humanos entusiastas que buscamos a través del poder del amor en acción, la transformación de la humanidad.

El siguiente elemento que debemos tener en cuenta, para poder manifestar nuestro más alto estándar de liderazgo es: identificar nuestros dones y manera en que los ofreceremos al mundo, pues esto no solamente nos permitirá fluir más fácilmente con el proyecto de vida, sino que además lograremos expresar con libertad nuestra real grandeza, beneficiando a todos los que nos rodean.

-	*¿Pero qué son los dones y cómo los podemos reconocer?*

Es la pregunta que ocasionalmente me hacen cuando hablo de estos temas en algún auditorio.

Los dones o habilidades naturales, son regalos espirituales que se le otorgan a cada ser humano con el objetivo de facilitarle el camino, para cumplir una tarea específica en esta existencia. O cómo lo mencioné en mi primer libro, **Qué pedirías si se te concede un solo deseo**: *"los dones son los suministros* *primordiales con los que nacimos, para facilitar el cumplimiento de nuestro propósito en la vida"*. Son esas habilidades extraordinarias que desde muy chicos empiezan a notarse, pues fluyen de manera natural, principalmente cuando el individuo se inspira para expresar su individualidad.

Es usual, que a algunas personas les cuesta identificar sus dones, simplemente porque los han naturalizado a tal nivel, que no los perciben como algo extraordinario y los subestiman, a pesar de que otras personas sí se los reconozcan:

- ¡Mira que bien cantas! ¡Se te da muy fácil relacionarte! ¡Qué bien juegas! ¡Qué bueno eres resolviendo problemas matemáticos! Etc.

Pero a pesar de las manifestaciones positivas de los demás, estas personas persisten en minimizar esa gran habilidad y no la explotan como deberían, para sacarle un mejor provecho. En otros casos, sucede que son los mismos padres o docentes quienes no logran identificar o reconocer los dones de la persona, lo que representa una incapacidad del adulto, pero jamás una ausencia de dones en el niño, pues estoy convencido que estos siempre se manifiestan de diferentes maneras y es inevitable que dejen una maravillosa huella.

Por ejemplo: hay seres humanos con dones extrasensoriales que tienen la habilidad de percibir diferentes tipos de energías o frecuencias de otras dimensiones y que, por el desconocimiento de esos dones, son tratados como enfermos mentales, suministrándole diferentes tipos de tratamientos que limitan o atrofian, esas extraordinarias virtudes.

Existen diferentes teorías que coinciden en que los dones empiezan a aflorar en los primeros años de infancia y que, para ayudarle al niño a identificar su verdadero potencial, es necesario dejarlo explorar sin presiones, ni expectativas, para que él pueda de forma libre y espontánea, expresar los primeros atisbos de su extraordinaria grandeza. Lo que sucede es, que a veces no tenemos ni el tiempo o la paciencia, para permitirnos observar con total atención a nuestros chicos. De ahí la importancia que los padres que tengan hijos pequeños, se esmeren por propiciarles esos espacios y momentos de inspiración, para que exploren en su equipaje interior y descubran sus habilidades naturales.

El problema es que, hoy en día es muy común que algunos padres por el ajetreo y avatares de la vida, no son conscientes de promover esos espacios, sobre todo porque implica llevar al niño al límite del aburrimiento. A veces es más sencillo pasarle un celular o tableta, para que se entretenga y deje de "molestarlos", que sacar el tiempo necesario para observarlo y ver, cómo gestiona ese tiempo y lo que descubre en el proceso. Es muy probable que, a través del juego, tu hijo exprese los dones o deseos que marcarán la ruta de su auto realización.

Hoy en día sabemos la importancia de tener claro nuestros dones, no solamente porque nos permiten optimizar nuestros esfuerzos para alcanzar objetivos; sino también, porque nos señalarán el camino hacia donde debemos direccionarnos, para desarrollarnos a nivel personal, profesional y espiritual, dejando una huella en el mundo.

Aunque desde hace muchos siglos se conocen suficientes estudios y referencias sobre la importancia de conectar al ser humano con sus dones y habilidades naturales para direccionar su desarrollo integral, apenas en estas últimas décadas, estamos siendo realmente conscientes de implementarlos en algunas de nuestras escuelas y colegios a nivel mundial.

Los diferentes pedagogos y pensadores, como Jean Piaget, Rudolf Steiner o María Montessori entre muchísimos más, han dejado un legado de modelos y teorías educativas, que sumado a los últimos descubrimientos de las Neurociencias, han permitido que hoy la educación migre hacia un tipo de enseñanza más flexible y abierta, teniendo en cuenta las diferentes dimensiones del ser y maneras en que cada individuo está propenso a captar de mejor manera la información y expresar nuestra sorprendente grandeza.

Sin embargo y a pesar de estas extraordinarias teorías y propuestas pedagógicas, todavía existen muchísimas instituciones educativas que creen que la única dimensión de aprendizaje es la intelectual; y que los niños y niñas que no se adapten a ese modelo de enseñanza, es porque tienen problemas de aprendizaje y son catalogados como niños "especiales" con diferentes tipos de diagnósticos que sustentaban su incapacidad cognitiva para aprender.

Aunque efectivamente existen ciertas psicopatologías o trastornos del neurodesarrollo que afectan los procesos de aprendizaje en algunas personas, en otros casos es posible que sean diagnósticos equivocados que no tuvieron en cuenta, las otras dimensiones de aprendizaje y que muchos niños y niñas de acuerdo a sus habilidades naturales, eran más propensos a aprender desde las artes o la conexión con la lúdica y su cuerpo, que a través de procesos meramente cognitivos.

Gracias a los últimos descubrimientos de las neurociencias afectivas, las inteligencias múltiples y las competencias emocionales de las que espléndidamente habla el Daniel Goleman en su libro *"La inteligencia emocional: por qué es más importante que el cociente intelectual"*, hemos comprendido que el éxito no es solo atribuible al test de coeficiente intelectual y que la inteligencia es algo que se construye cada día, cuando integramos los componentes emocional, relacional y espiritual, en nuestra cotidianidad.

En mi opinión, considero que esta incomprensión de las dimensiones de aprendizaje es lo que está limitando a que muchas chicas y chicos no manifiesten su máximo potencial, pues tristemente no tienen la oportunidad de explorar y conectar con sus verdaderos dones y habilidades naturales. Es por esto, que particularmente soy fan de las pedagogías Waldorf y Montessori, pues estoy convencido que nunca dan a ningún niño por perdido y siempre les brindan la maravillosa oportunidad de conectar con su verdadera esencia.

A veces pienso que en algunas instituciones no se valora o dimensiona la importancia del estado de ánimo del profesor, pues más allá del campus o las ayudas tecnológicas, el factor fundamental e insustituible que determinará que un chico se motive a descubrir su verdadero potencial, siempre será el factor humano. El docente que logra sentirse amado y valorado por su institución educativa, transmite con mayor entusiasmo su verdadero potencial convirtiéndose en un espejo para todos sus alumnos, donde ellos reflejen su propia grandeza y se motiven libremente a expresar sus dones. Es en ese momento, cuando los grandes maestros son capaces de reconocer más allá del cociente intelectual de sus alumnos, el potencial que cada uno de ellos tiene y buscan con entusiasmo el estímulo adecuado para que el joven ancle la información y la lleve a la acción.

Hace poco atendí el caso de un joven que presentaba un alto grado de desmotivación hacia su colegio y su deseo de aprender, estudiaba en una de las instituciones tradicionales de mayor prestigio a nivel nacional en mi país, por sus excelentes promedios en las pruebas de estado. Y aunque este colegio es reconocido por su alto nivel de exigencia académica, también coincidió con varios casos que he atendido de adolescentes y profesores con ansiedad, angustia o depresión, por no sentirse felices en su ambiente educativo.

El padre de este joven ya no sabía qué otra estrategia utilizar, para motivar a su hijo a elevar su rendimiento académico. Tuvo varios intentos fallidos, desde premios exagerados, hasta la amenaza con severos castigos que no lograron motivar al chico.

¿Has pensado cambiarlo de colegio? – le pregunté al padre de familia

- *¡No!* - Me respondió enfáticamente - *Estoy haciendo un gran esfuerzo para educar a mi hijo en una de las mejores instituciones educativas de la ciudad y lo que más deseo es que él comprenda, las ventajas que brinda estudiar en este colegio.*

Efectivamente es uno de los colegios más reconocidos

de la ciudad, además que tiene un campus extraordinario con modernas instalaciones físicas y tecnológicas que facilitan la experiencia de aprendizaje para toda la comunidad educativa. Sin embargo, su alto nivel de exigencia académica termina siendo un factor de estrés para algunos adolescentes e incluso profesores, que no se acoplan con el ritmo académico que requiere el modelo educativo.

En el caso de mi joven cliente, era evidente su extraordinaria habilidad para los deportes y especialmente para el futbol y aunque el colegio ofrecía electivas deportivas como parte de su pensum académico, no es el enfoque prioritario con el que instruyen a sus alumnos. Sumado a esto y como resultado de sus notas bajas, su papá le canceló la práctica extracurricular en la academia de futbol, lo que acrecentó su desmotivación, llevándolo a tener una actitud rebelde frente a su colegio y proceso formativo.

Durante la terapia familiar le explicaba al padre, que actualmente existen varias pedagogías educativas muy efectivas que parten de la observación cuidadosa de los chicos, con el objetivo de descubrir sus principales dones y motivaciones, para direccionar su proceso académico y anclar su forma de aprender.

Es muy posible que a tu hijo desde el mismo universo del futbol se le pueda enseñar las demás asignaturas básicas que le permitan cimentar unas buenas bases académicas para su futuro. Por ejemplo, me enteré de un profesor que a través de la "UEFA Champions league" les enseña a algunos de sus alumnos sobre el antiguo continente, sus países y capitales anclando la asignatura de sociales con algo que a ellos le motivaba profundizar.

Lo que quiero significar con este ejemplo, es que no todos los colegios por buenos que sean son para todo tipo de estudiantes, definitivamente cada ser humano cuenta con una manera particular de anclar el aprendizaje, algunos efectivamente tienen su intelecto como centro de estimulación y funcionan perfectamente con los modelos a nivel cognitivo, sin embargo otros chicos encuentran más atractivo aprender a través de modelos educativos que utilizan las artes o la lúdica para anclar su aprendizaje.

Por esto, siempre que un padre de familia me dice que su hijo tiene problemas de aprendizaje lo primero que le pregunto es: en qué tipo de Institución educativa está, pues es muy posible que el modelo educativo que propone el colegio no sea el ideal para el niño o niña.

Ahora bien, sé que las matrículas y mensualidades en este tipo de instituciones pueden llegar a costar mucho dinero y aunque algunos gobiernos en Latinoamérica se esmeran por elevar los estándares educativos en sus regiones, lo cierto es que estamos todavía muy lejos implementar de manera masiva modelos educativos que realmente se enfoquen en el fortalecimiento del Ser y el descubrimiento de sus verdaderos potenciales. Por eso siempre que tengo la oportunidad de conversar con algunos padres de familia que no cuentan en ese momento con las facilidades económicas para pagar alguna de esas instituciones, es que intenten en casa observar a sus hijos sin que ellos se sientan observados y que les permitamos aburrirse en los momentos de ocio sin darles ningún elemento distractor como: Televisores, teléfonos o tabletas, para que el niño se vea en la necesidad de buscar la manera de pasar el rato, sin ninguno de estos elementos.

Lo más probable es que el infante se inspire y empiece a expresar desde su interior los juegos o actividades que demostrarán sus habilidades naturales, seguramente empezara a soñar con querer ser piloto, bombero, médico o empiece a cantar, bailar, dibujar o inventar juguetes, permitiéndonos desde muy temprano identificar cuáles podrían ser esos dones o motivaciones que mueven a nuestros hijos o que potencien su creatividad. Y cuando tengamos la oportunidad, podamos incentivar y complementar su proyecto educativo, con alguna actividad extracurricular. Tener en cuenta esas variables, nos ampliará el panorama y podremos ser más asertivos en las decisiones que impactarán su proceso de formación.

Ahora bien, ¿qué hacer si ya soy un adulto y no identifico claramente mis dones? Si quieres encontrar esas habilidades naturales con las que naciste y los insumos básicos para desarrollar tu propósito de vida, te invito a realizar este ejercicio de expiación y responder las siguientes preguntas:

¿Recueras a qué jugabas cuando tenías entre 5 y 12 años? O ¿Cuáles eran tus actividades preferidas?

____

____

____

____

____

¿Qué actividades se te facilitaban desarrollar, que no necesitas esforzarte y te fluyen de manera natural?

____

____

____

____

____

¿Cuáles e esas actividades te generan disfrute? Esas que cuando o tienes ningún tipo de compromiso, las realizas como hobbies

____

____

Es muy posible que tus habilidades naturales, se hayan vuelto paisaje y las concibas como algo normal, pero fue justamente la falta de guía, lo que no permitió que potenciaras esas habilidades en otros contextos y pudieras direccionar tu proyecto de vida. Recuerdo que en mi infancia siempre me gustó enseñar, disfrutaba llegar de mi colegio y jugar al profesor con el hijo de la empleada doméstica.

También recuerdo que disfrutaba más que algunos de mis compañeros pararme frente a la clase y exponer los diferentes temas. Además, que disfrutaba plenamente hacer mis propias carteleras para explicar elocuentemente los contenidos.

Definitivamente contaba con la habilidad de comunicarme fluidamente, algo que me sirvió mucho para relacionarme y hacer amigos. Pero como a muchos de mi época, no contamos con la orientación vocacional adecuada, además que nos hacían unos test de evaluación vocacional donde predominaba las habilidades cognitivas o intelectuales, por encima de lo que hoy conocemos como habilidades blandas; fue por eso que terminamos dando tumbos explorando en diferentes carreras u oficios donde no nos sentíamos plenamente conectados y teníamos que sobre esforzarnos para alcanzar ciertos objetivos.

Es claro que si queremos alcanzar nuestros objetivos necesitamos tener determinación y disciplina para lograrlo. Como dice el reconocido Conferencista y escritor Colombo – Japones Yokoi Kenji Diaz, cuando habla de las maravillosas máximas de la cultura japonesa: *"La disciplina siempre vencerá la inteligencia"* queriendo decir que no importa que tan bueno o habilidoso eres, si tienes disciplina, al final terminarás alcanzando cualquier objetivo que te plantees.

Sin embargo, creo que si usas la disciplina en concordancia con tus dones y habilidades naturales, esa estrategia aumentará el porcentaje de éxito, en relación a que solo lo hagas para demostrar que eres capaz. Y aquí es donde toma fuerza la frase: *"si tienes que forzarlo, es porque no es tu talla".* Veo que muchas personas en su afán de salir adelante, emprenden proyectos de vida en los cuales sus dones, no son los pilares sobre los cuales estructuran sus acciones, haciendo que en muchos casos esa actividad se convierta en una lucha donde el sobre esfuerzo, no compensa el resultado.

La pandemia del 2020 dejó a muchas personas sin empleo, llevándolas a buscar desesperadamente diferentes formas de generar ingresos para sus familias y aunque algunos lograron conseguir un nuevo trabajo, la gran mayoría le toco improvisar, realizando cualquier tipo de actividad que mitigara el impacto de la situación. Esto llevo inesperadamente, a que muchas personas se dieran la oportunidad de expresar sus dones o habilidades naturales, realizando actividades que se les facilitaran, para generar algún ingreso. Lo sorpresivo en varios casos, fue que esas personas no solo dieron con un emprendimiento productivo, sino que además al reconectarse con sus dones, descubrieron una nueva manera de prosperar, expresando su verdadero potencial.

EL COMPROMISO ESPIRITUAL DE LOS DONES

Un líder de alto impacto necesita aprender a reconocer, expandir y fluir con sus dones. Al lograrlo, es imperativo que tome consciencia de la gran responsabilidad que requiere gestionar el poder que le otorgan esas habilidades, ya que es posible que el ego desee sacar ventaja de esas destrezas y pretenda utilizarlas solo para el propio beneficio.

Debemos comprender que la vida es algo entre nosotros y Dios. Definitivamente no necesitamos demostrarle nada a la sociedad. El verdadero reto es sentirnos un instrumento de nuestro PADRE, MADRE, VIDA en la tierra y saber que nuestros dones y virtudes son regalos otorgados por la divinidad, no solo para conectar con nuestro verdadero potencial y facilitar el desarrollo laboral y profesional, si no también, para cumplir con el requisito vocacional de direccionar el poder que nos dan los dones, al servicio de la humanidad.

De lo contrario, si ignoramos que tenemos un compromiso superior con ellos y solo los usamos para nuestro beneficio, esos mismos dones podrían perder el efecto de su naturaleza principal y advertir torpeza en las estrategias con las que decidimos actuar en nuestra vida. Por esta razón, es que existen Leyes Espirituales que procuran guiar al ser humano, en el uso correcto de esos "poderes". Cuando los Dones son utilizados con negatividad se activa Ley de la Anulación Kármica que dice: **Si el don no te sirve para servir… ¡no sirves para tener el don!**

Estos son algunos ejemplos de lo que sucede cuando nuestro libre albedrio, deja que el Ego tome el control de nuestros dones:

<u>El poder del intelecto se anula cuando va acompañado del egocentrismo.</u>

Son innumerables las ventajas de cultivar el intelecto. Tener el don de retener la información y saberla procesar, nos pone en una situación de privilegio ya que nuestra percepción de las circunstancias generalmente se amplía a tal nivel, que nuestras disertaciones tienen una gran aceptación e impacto en los demás, generando credibilidad y confianza a la hora de liderar una familia o una comunidad.

Recuerdo que a mis alumnos de la universidad siempre les preguntaba: - *¿Qué prefieren: dar órdenes o recibirlas?* Y muchos respondían: *Dar órdenes profe... ¡siempre darlas!* Así que me quedaba viéndolos fijamente y les respondía: - *Entonces lean y cultiven su intelecto, pues las personas que no lo hacen, generalmente terminan trabajando para construir los sueños de los demás.*

El ser humano que adquiere bastos conocimientos y desarrolla su intelecto, tiene mayores oportunidades de alcanzar posiciones de poder y/o experimentar la libertad de elegir. Sin embargo, cuando este don se aferra a la ilusión del control y se utiliza para someter a los demás, el intelecto se carga de egocentrismo, motivando inconscientemente a la persona a crear una falsa seguridad que lo lleva a tomar decisiones torpes y equivocadas, que no solo aminoran considerablemente su poder, también lo sumergirá en un espiral de autodestrucción de su esquema de valores, que terminará por lastimarlo o lastimar a los demás.

Es por esto que las cárceles están llenas de personas muy inteligentes que en algún momento de sus vidas decidieron utilizar el potencial de su intelecto para beneficiarse ellos mismos y actuar de manera deshonesta. O también vemos grandes ejecutivos y profesionales, que se sentían imprescindibles por su capacidad intelectual, pero que fueron despedidos de sus empresas, porque a pesar de ser personas muy inteligentes y competentes, el costo beneficio, no favorecía a la empresa debido a la alta rotación del personal, propiciada por su estilo impositivo de liderar.

Esto solo son un par de ejemplos de la torpeza con la que seres humanos muy "inteligentes" permiten que su ego tome el control de intelecto. Te comparto una pequeña reflexión que aprendí de mi maestro espiritual:

> *"...Buscas con afán utilizar el poder*
> *del   intelecto   donde   esté*
> *acompañado de mando y de más*

monedas... decisión, que carece muchísimo de intelecto. El poder del intelecto acompañado de egocentrismo, anula kármicamente el poder del intelecto, y crea la necesidad de aprender de lo verdaderamente esencial ¡sin nada de intelecto!"

<u>El poder de la abundancia material se anula cuando va acompañada de avaricia.</u>

Desear ardientemente riquezas materiales y lograr obtenerlas, es una muestra tangible de como sentirnos merecedores, nos atrae la abundancia que el padre ha puesto de forma generosa para todos nosotros. La ambición por alcanzar un nivel de vida deseable, no es un problema espiritual, de hecho, entre más tengas, más posibilidades tendrás para ayudar a otros.

Es evidente como el Padre puso los frutos y riquezas al alcance de todo aquel que decida obtenerlos con trabajo y esfuerzo. La naturaleza de la vida nos enseña que tarde que temprano, cosecharemos lo que sembramos. Basta con ver los ejemplos de miles de personas que hoy disfrutan de una vida ejemplar llena de paz, felicidad y riquezas, pero que en su momento vivieron prestos a sembrar con perseverancia y constancia, para hoy gozar de los frutos que germinaron.

La madre teresa decía: - *"La riqueza de un hombre está constituida por todo lo que da, y su pobreza por todo lo que no da"*. El don de la abundancia material trae consigo el compromiso de inculcar en los demás, que la riqueza material tiene sentido cuando se comparte y se utiliza, como medio para generar bienestar a los que nos rodean. Por el contrario, la avaricia y la codicia no solo privan a la persona de experimentar la plenitud que se siente cuando se comparte con amor, además, por su afán de atesorar riqueza se pierden de disfrutarla, volviéndose esclavos de lo que poseen.

Mi maestro también decía:

> *"Desdichado aquel que no entiende la verdadera riqueza de la vida y se confunde persiguiendo la riqueza material, que es solo fantasía, que es solo ilusión y le esclaviza contando monedas... y cada que las cuenta se entera... que ¡nunca habrán de alcanzar!... Jamás habrás de tener abundancia material, si acompañas tu búsqueda de avaricia"*

El poder de la palabra se anula cuando va acompañado de mentira.

Poseer la habilidad de expresarse de manera oral y escrita con elocuencia, te ofrecerá la oportunidad de convencer y conmover con mayor impacto a los demás. Este don demanda un gran compromiso con la verdad y la justicia, sobre todo si eres una persona que anhela desempeñar roles de liderazgo en alguna organización, ya que, si logras consolidarte como un líder justo y transparente, los demás te entregarán su confianza, esperando que los guíes por el camino correcto.

El verdadero riesgo de anular este don, ocurre cuando el ego se aprovecha de la palabra y con discursos demagogos intenta manipular la información para beneficio de sus propios intereses. Existe un viejo adagio que reza: *"Antes se coge al mentiroso que al cojo"* Las personas elocuentes que utilizan la mentira como recurso de persuasión, tarde o temprano quedarán aislados y en evidencia perdiendo la confianza, admiración y credibilidad que alguna vez le otorgaron sus seguidores.

"¡Eres fluido para manejar la palabra! ¡Convences cuando manejas la palabra!¡Escribes bien... hablas bien!... ten mucho

cuidado mi bien amado, con acompañar el poder de la palabra con la mentira, pues al principio, eres tan hábil que las mentiras convencen...más la ley de la anulación kármica hace que vayas perdiendo el poder de la palabra, y puedes enterarte ahora... que algunos que se deleitaban con tu palabra, ya no creen en ti... pues las mentiras han salido a la luz, como siempre tras la noche, habrá de salir el sol.”

El poder de la creatividad se anula cuando va acompañado de orgullo

La mayoría de las personas ignoran que la creatividad es un don que fluye cuando el individuo experimenta la conexión con la fuente de inspiración divina. La mente humana cuando está en estado de alerta o en actividad, cumple el propósito de reaccionar y ejecutar de acuerdo a un plan. Pero la mente en estado de relajación o meditación, se enlaza con la fuente de creación y atrae las ideas o visualizaciones para materializar resultados maravillosos.

Es por esto que en las escuelas de arte exhortan a sus estudiantes a que entren en contacto con la naturaleza, pues en los estados de contemplación es que se logra la inspiración para crear las más sublimes obras artísticas. Incluso en la actualidad, muchas empresas de vanguardia, que se dedican principalmente a desarrollar productos donde el diseño, la creatividad y la innovación son parte esencial de su gestión, invierten muchos recursos en crear espacios donde sus colaboradores puedan relajarse y buscar la inspiración.

Así que cualquier idea, proyecto o visualización que llegue a tu mente y suscite admiración o genere un resultado extraordinario, reconoce que tiene su origen en la conexión con la fuente divina. Es por esto que jamás deberías ufanarte o sentirte superior por las ideas que generas, debemos aprender a reconocer humildemente que somos un instrumento de Dios que nos inspira, para transmitir lo sublime de su esencia, en sus diferentes formas.

> *"... y cada que tengas manifestación de la creatividad, simplemente di: Esta es obra de Dios, no me pertenece... soy simplemente un canal de creatividad divina... y la creatividad habré de servirla al mundo, no para vestirme de egolatría... sino para reconocer humildemente, el inmenso poder creativo, de aquel que a mí me ha creado".*

Por otra parte, existen personas que creen que consumir sustancias psicoactivas estimula sus procesos creativos, déjame decirte que: aunque pareciera que es así, esto al final puede llegar a ser contraproducente, ya que existe una clara diferencia entre la construcción creativa de una mente trastornada por la alucinación a una construcción estimulada por la sensibilidad creativa del amor. Es claro que en la naturaleza existen plantas y sustancias que pueden ayudar al hombre como medicinas curativas, por lo general con la capacidad analgésica. Mas el uso excesivo no medicinal, ocasiona trastornos mentales que deterioran la capacidad física, emocional y mental del individuo.

Imagina que tienes un automóvil corriente, que no ha sido diseñado para correr grandes distancias a altas revoluciones y lo conduces a una velocidad constante de 200 km/hora, durante un largo periodo; lo más probable es que terminarás fundiendo el motor, pues no está diseñado para sostener esas velocidades. Lo mismo sucede con tu sistema nervioso cuando consumes sustancias narcóticas, lo estimulas a tal nivel que tu cuerpo no lo resiste y terminas creando alucinaciones que no solamente anulan tu capacidad creativa, sino que finalmente destruyen tu vida.

<u>El poder de los dones espirituales se anula cuando van acompañados de manipulación</u>.

Está comprobado que existen seres humanos con la asombrosa habilidad sensorial de percibir energías y mensajes que llegan de otras dimensiones. Estas personas tienen la misión de servir a Dios y ser el puente para canalizar y revelar mensajes específicos que ayuden a otras personas a solucionar conflictos que atormentan sus vidas o guiar a las comunidades a trascender en su despertar espiritual. Sin embargo, muchos de estos seres privilegiados han mermado o perdido sus dones espirituales, debido a que se dejaron seducir por el ego y decidieron darle un mal uso, combinándolos con prácticas oscuras en busca de intereses poco éticos, que se alejan del propósito de los más altos fines espirituales.

Cuando decides poner tus dones espirituales al servicio de tu ego y pretendes divertirte con ellos, haciendo rituales espirituales para manipular, queriendo satisfacer la curiosidad o averiguar lo que no tiene permiso de ser revelado por la divina providencia, el don se va anulando y no solamente pierde su efecto, también llegará la forma perfecta de aprender desde la carencia y vivir sin el don espiritual.

"Cuando contemplas la magia, hechicería o brujería, estás contemplando en un alto grado... ¡mentiras y farsas!... más en un pequeño porcentaje, estás contemplando de verdad, dones espirituales. Pero si están acompañados de manipulación... anula el don y no causa un efecto espiritual..."

Estos y todos los demás dones que se nos han entregado como la fuerza, la belleza, etc. habrán de acompañarse de amor y no de ego, pues el ego en sus diferentes formas, anulará el don y te creará una deuda de aprendizaje.

LA MAYOR VIRTUD

El Padre dijo a un grupo de personas:

-       En el reino de los cielos, están las sillas perfectas en el más hermoso trono esperando por ti. ¡Id por el mundo!, cultivad y explotad la mayor virtud, para que puedas volver a ocupar el trono.

Unos se dedicaron entonces a cultivar el cuerpo, pues pensaban ellos que, con belleza física, habrían de ocupar el trono. Indescriptible fue su hermosura... como perfectas esculturas sus cuerpos... como finas porcelanas sus pieles, cascadas sus cabellos, preciosos colores en sus ojos, pureza en sus labios.

Mas el día, que el Padre anunció el momento de ocupar los tronos, habían pasado tantos y tantos años terrenos... que la piel estaba reseca, como una hoja al viento. Los cuerpos ya no eran tan bellos... no había pureza en los labios, las cascadas eran blancas y escasos los cabellos.

Y mirándose entre ellos dijeron:

- ¿Adonde se ha ido la belleza?, sin ella... ¿para qué buscar sillas en el trono?

Otros explotaron durante mucho tiempo su mente, y cuando llegó el momento de acudir a las sillas, tan enredados con los planos estaban, que se sentaron a discutir las rutas, las formas, los mapas y planos. Y entre enredo y enredo de análisis... olvidaron por qué estaban ahí discutiendo.

Otros se dedicaron a servir al mundo, más cada obra de servicio, la registraban en un cuaderno, para que el Padre no se perdiera ninguna obra.

Todo quedaba registrado... hasta una migaja de pan entregada, se registraba en el cuaderno. Y cuando el Padre les llamó, llegaron llenos de papeles y registros, a demostrar todo su servicio. Mas el Padre les devolvió con cuadernos en blanco, para que escribieran nuevamente.

Y entonces acudieron otros y el Padre les dijo:

"¿Cómo creen que tienen derecho a este trono?"

Y ellos respondieron: -No Padre, no hemos venido por las sillas, ni por el trono, hemos venido por sabiduría, hemos venido a que nos des más formas de enseñar a aquellos que tanto desean estas sillas. Hemos venido a que nos digas qué es lo que les hace falta... pues mucho han deseado sentarse a tu lado... ¡Danos la forma de enseñarle al mundo, como regresar a ti!

Y el Padre les cargó a cada uno, les sentó en la más

hermosa silla y les dijo:

-La forma como ellos habrán de llegar a Mí, es la forma como vosotros habéis llegado: amando, simplemente amando y ofreciendo tus dones al servicio de tu prójimo, pues aquel que ama siempre sirve... mas no necesariamente el que sirve, está amando"

El amor es servicio y el servicio tiene infinitas formas.

Cuando quieras encontrar ¿qué es servicio? solo pregunta: ¿Cuánto estas amando? pues aquel que ama siempre *sirve. ¡Pues aquel que ama... está canalizando al mismo Dios!*

Por favor reflexiona y escribe sobre cómo crees que estás poniendo o no, tus dones, conocimientos y experiencias pasadas, al servicio de tu proceso personal. Está introspección será vital para nutrir la construcción de tu nueva afirmación.

SEPTIMO PASO:

CONECTA CON EL SENTIDO DE TU EXISTENCIA

Uno de los mayores retos espirituales del ser humano es descifrar el sentido de su existencia y poder darle respuesta a la pregunta: ¿para qué estamos aquí? Creo que todas las creencias o doctrinas religiosas, por más fundamentos que tengan, siempre dejarán un margen de insatisfacción; pues creo que la respuesta real la obtendremos cuando nos desprendamos de este cuerpo y seamos uno con la fuente de creación. Sin embargo, muchos de nosotros aferrados a la fe y convicciones espirituales, hemos encontrado en el servicio al prójimo o a cualquier forma de vida en el planeta, esa sustancia que da sabor a nuestra existencia

El siguiente paso para construir la nueva afirmación, es tener claro ese propósito.

Es necesario que descubramos el ¿para qué estamos aquí? ¿Cuál es la razón por la cual, nos levantamos todas las mañanas? y aunque somos conscientes de las motivaciones extrínsecas como: los hijos, la familia, las posesiones, oficio o profesión etc., que obviamente son razones valiosas para levantarnos de la cama y salir a batallar; es posible que la razón de nuestra existencia trascienda estos factores y sea una razón mucho más profunda, que esté conectada con las experiencias trascendentales de la vida y los dones con los que fuimos bendecidos.

Todos los seres humanos vinimos esencialmente a cumplir dos objetivos fundamentales para el desarrollo de nuestra existencia. El primero de ellos es INTERIOR y es el mismo propósito para todos los seres humanos y está relacionado con nuestro SER, su objetivo principal es el de despertar de nuestra Conciencia. El segundo es EXTERIOR y es diferente para cada ser humano, pues está relacionado con nuestros dones y su objetivo principal es alcanzar las metas que nutran la misión que vinimos a cumplir.

El Primero se direcciona a la conexión con nuestro PODER INTERIOR y gran parte de este propósito tiene que ver con sacar de la "maleta" los recursos que nos permitan redescubrirnos y potenciar nuestra personalidad. El segundo, se enfoca en capitalizar nuestros DONES, CONOCIMIENTOS Y EXPERIENCIAS para facilitar el cumplimiento de nuestra misión.

Lo que finalmente le dará un real sentido a tu existencia es lograr sincronizar ambos propósitos, ya que cada uno terminará retroalimentando al otro. Sin embargo, es importante aclarar que el propósito del SER, debe ser prioridad sobre el propósito del HACER, puesto que el primero es esencial para el soporte de cualquier meta u objetivo que se tenga en el radar.

EL PROPÓSITO INTERIOR

Es claro que los seres humanos tenemos una extraordinaria capacidad de lograr lo que nos propongamos, cuando encontramos una motivación, pero tendrá un sentido real, si nos conecta con el propósito primordial de ser feliz, de lo contrario todo lo que hagamos desconectado del propósito del SER, terminará generándonos mucho sufrimiento en la vida.

Tanto el éxito sin felicidad, como forjar grandes fortunas y no tener paz o convivir con una pareja que no amemos... no tiene ningún sentido; lo que finalmente le dará sentido a nuestra existencia es que logremos sincronizar ambos propósitos y podamos disfrutar plenamente de todos los placeres que nuestro PADRE, MADRE, VIDA, hizo visibles para nosotros en esta experiencia terrenal.

En mi anterior libro "Sólo es un Eclipse" mencioné un ejemplo, donde relaciono la falta de conciencia espiritual, con un cuarto oscuro. Es difícil no tropezarse contra los obstáculos del cuarto si carecemos de la luz, que brinde claridad; así mismo es difícil transitar por la vida, sin la luz de la Conciencia, que nos guíe y nos permita fluir fácilmente, por el trayecto de esta existencia.

Una Conciencia despierta es como encontrar una lámpara, que nos permita aclarar la perspectiva de la vida y estar más alertas del aquí y el ahora. Situaciones que antes no entendíamos o reaccionábamos de manera desproporcionada, hoy, las comprendemos con mayor facilidad y las aceptamos como oportunidades para avanzar.

A veces los mejores regalos de la vida vienen empacados en dolor, por lo que nos esforzamos por estar alertas y descubrir el obsequio que trae la adversidad. Esta concepción, facilita el asumir cada circunstancia, con la mejor actitud posible, pues entendemos que quejarnos y amargarnos la vida, solo empeorará la situación. Se trata de ser conscientes de nuestro poder de transformación y elegir confiar realmente en Dios, aceptando su voluntad, que es más sabia que la nuestra; entender que no podemos evitar la adversidad, pero siempre podremos encontrar en la conexión interior, la guía que sea claridad para asumir nuestra realidad y no sufrir por las situaciones que no podemos cambiar.

Hace poco tiempo tuve la maravillosa bendición de conocer a Clara, una niña de doce años que presentaba un cuadro de intento de suicidio producto de la depresión y desesperación, por no saber cómo afrontar el bullying del que era víctima en su colegio, por su condición de sobre peso. Se encontraba muy devastada y decía no encontrarle sentido a su corta vida.

Después de nuestra charla, la niña logró desahogarse y evaluar los hechos que le ocasionaron esa crisis emocional. Le compartí algunas herramientas mentales y emocionales que le permitirían en un futuro gestionar proactivamente ese tipo de situaciones. Pero lo maravilloso de la reunión sucedió, cuando llegamos al punto de revisar los recursos espirituales con los que contaba para asumir ese tipo de situaciones. Fue en este momento cuando nos conectamos con una definición sobre Dios y la manera de conectarnos con Él.

Esta sesión fue una de esas experiencias terapéuticas, donde realmente comprendes que todos somos maestros y alumnos a la vez y que independientemente de la edad, la sabiduría es algo que fluye naturalmente a través de nuestro ser. Para mí fue como un "Satori" (termino japonés que designa la iluminación en el budismo Zen) pues desde ese día y gracias a una niña de doce años, he podido sentir con mayor presencia la conexión con mi PADRE ETERNO, a través de la respiración.

Todo sucedió porque disertábamos sobre dónde estaba Dios y por qué ella sentía que Él, la había desamparado en esos momentos tan difíciles. Yo le intentaba explicar que nuestro PADRE, MADRE, VIDA nunca nos abandona, que Él está más cerca de nosotros, que nosotros de nuestra propia piel y que solo es cuestión de decidir sentirlo. En ese momento la niña me interrumpe y me dice:

- Pero Alex, yo no creo en Dios como un Él, no me imagino a alguien sentado en algún lado dirigiendo el universo.

- Estamos de acuerdo Clarita – le respondí.

   También creo en un Dios como un todo, como una presencia que está dentro y alrededor nuestro.

Entonces le pregunte:

- *¿Clara, que crees que es lo que más hay en este cuarto?*

Miro a su alrededor y respondió:

- *¡Cuadros!*

- *Muy bien Clara… pero ¿qué es lo que más hay?*

- *¿Muebles? - respondió la niña con algo de duda.*

- *Sí, También. Pero hay algo que ocupa más "espacio" pero no lo vemos. ¿Qué crees que sea? - le volví a preguntar.*

Se quedó callada por un rato y después de pensar su respuesta, dijo:

- ¡Pues oxigeno!

Honestamente, yo intentaba direccionar a la niña hacía la respuesta que era presencia de Dios, lo que más había en el cuarto y ya tenía listo todo un discurso sobre la energía divina e incluso su conexión con el mundo de la física cuántica. Pero cuando escuché la simpleza de su respuesta, me quedé en silencio e inmediatamente reflexioné:

- Dios es como el oxígeno, comparten las características principales en este plano físico, es omnipresente y fuente de vida".

Una de las premisas del Coaching es lograr identificar qué es lo que motiva a las personas, para facilitar que descubran sus propias respuestas. Fue así como empezamos una maravillosa disertación sobre la conexión de Dios con el aire o el oxígeno. La sabiduría de esta niña se reconocía en lo simple, pero profundo de sus conclusiones, decía:

- *¡Claro!... cuando dicen que Dios está en todas partes, es igual que el aire, entonces el oxígeno es Dios...*

- *Entonces cuando mi abuela decía, que ni una solo hoja de un árbol se mueve sin la voluntad del Padre, lo que quería decir era que el viento, que es la fuerza que mueve la hoja, es el mismo Dios.*

- *Entonces, por eso dicen que uno debe calmarse respirando, es porque dejas entrar a Dios.*

Nunca había visto a una persona tan entusiasmada lanzando conclusiones, para mí fue una maravillosa experiencia. No solo tuve la oportunidad de encontrar la manera de motivar a Clarita con algo que a ella la conecta, sino que además la profundidad de sus opiniones, me permitieron tomar conciencia de que existen muchas maneras de hacer clic con las personas y guiarlas hacia la conexión con Dios; que como siempre lo he dicho, es el mejor camino de salida a cualquier problema, depresión o conducta autodestructiva.

Concluimos, que la mejor manera de conectarnos con nuestra esencia divina, que es Dios, es simplemente cerrar los ojos y sentir como, con cada bocanada de oxígeno, nuestro Padre inunda cada célula de nuestro SER, sanándola y empoderándola, para lograr lo que sea que queramos. Esto me permitió redescubrir una nueva manera de interpretar a mi Creador y de encontrar una forma más sencilla de invitar a las personas a conectarse con Él e incentivar su despertar de conciencia. Desde ese día he anclado la frase:

"Dios está a una respiración de distancia"

Tómate un momento y respira profundamente

Darle prioridad a la conexión con nuestra fuente de vida nos nutre del sustrato de amor, paz y felicidad necesaria para actuar cada día. Generar este vínculo facilita comprender de una manera profunda las experiencias trascendentales de la vida, para capitalizarlas y reconocer un propósito superior en cada una de ellas.

Este vínculo también nos permite reconocer que el verdadero valor de las cosas, radica en la dimensión espiritual, justo aquello que no vemos, es lo realmente verdadero. Tal como se lo expresó el Zorro a su amigo el Principito, en la maravillosa obra de Antoine de Saint-Exupéry:

- *"...He aquí mi secreto, que no puede ser más simple: sólo con el corazón se puede ver bien; lo esencial es invisible para los ojos"*. EL PROPÓSITO EXTERIOR Y EL SENTIDO DE LA EXISTENCIA

En cada cosa que te propongas a hacer, sea grande o pequeña, siempre podrás conectarte con el sentido de tu existencia, no importa si estas aportando a una gran obra social o si te dedicas a cumplir rigurosamente con las demandas laborales. Siempre que un ser humano le imprime amor y tiene el genuino deseo de aportar a su entorno, cada acción se convierte en un factor determinante que da sentido a la vida e inspira a cada persona con la que se relaciona; su presencia contagia el entorno de una maravillosa energía que influye positivamente, fortaleciendo la armonía y el aumento de la productividad en los demás.

Muchos creen que su misión de vida amerita una gran proeza: realizar un voluntariado, trabajar con niños, ancianos o algún tipo de población vulnerable e incluso pertenecer a una ONG que proteja el medio ambiente. Aunque definitivamente participar de un proyecto así, daría un gran sentido a la existencia, también creo que cada acción por "pequeña" que sea, si se realiza con **entusiasmo**, sumará al sentido de nuestra existencia.

La palabra *entusiasmo*, se deriva de la raíz griega: (*en-theos*) que significa "que lleva un Dios dentro".

En la antigua Grecia, consideraban que una persona entusiasta, era aquella que actuaba en consonancia con la intervención divina, expandiendo sus dones y logrando las metas más inalcanzables. Cuando me topé con el origen etimológico de esta palabra, comprendí que las personas entusiastas, somos todos aquellos que nos sentimos instrumentos de Dios y reconocemos que los dones y virtudes, son intervención divina puesta en nuestro interior, para facilitar la misión de vida.

La gran mayoría de las personas que acuden a mi consultorio presentando cuadros de depresión, sienten mucha frustración por no encontrarle sentido a su vida, generalmente llegan llenos de quejas y de falsos paradigmas sobre lo que define el sentido su existencia. Manifiestan no sentirse lo suficientemente comprendidos, amados o valorados por las personas que los rodean y piensan que lo que hacen, no reviste nada de importancia en su diario vivir.

Lo primero que hago con este tipo de personas que se sienten tan desorientadas, es intentar hacerles ver la importancia de las pequeñas cosas y el impacto positivo que genera reconocerlas y agradecerlas. Hasta la ropa que llevamos puesta es ganancia, ya que nacimos desnudos; estar en una permanente actitud de gratitud nos ayuda a ver con mayor claridad nuestro panorama y sus posibilidades, sobre todo cuando intentamos dimensionar los grandes milagros que obramos, con nuestras pequeñas acciones.

Para empezar a conectar con la misión de vida y poder soltar esa sensación de frustración por no encontrarle un sentido a la existencia, es importante tomar conciencia de la manera cómo se están HACIENDO las cosas. En muchos casos, aunque estás en el lugar correcto, haciendo lo que debes hacer, la queja y la mala actitud, bloquea la conexión con el sentido de tu quehacer, por tanto, no se trata de cambiar lo que hacemos, sino cómo lo hacemos. El punto está, en saber conjugar nuestros dones y virtudes, con lo que decidimos o aceptamos hacer y tener la certeza que sin importar donde la vida nos ponga, todos somos instrumentos de Dios para el cumplimiento de una misión, que se conecta con la alegría de vivir y aporta con entusiasmo, un granito de arena a la humanidad.

Alguna vez escuché el testimonio de un cliente, que tenía la firme intención de hacer un gran escándalo en las oficinas de la empresa que provee el gas domiciliario en mi ciudad, pues estaba cansado de hacer reclamaciones y que no fueran satisfechas sus necesidades. Pero el día que llegó a la puerta de la oficina dispuesto a hacer su alegato, el funcionario que lo atendió nunca perdió la compostura, permitiéndole desahogarse y expresar su rabia y descontento. Me dijo:

> - *"...Aunque sé que estas personas son entrenadas para atender este tipo de contingencias, lo que más lo impresionó fue la paz y la confianza que me transmitió, a la hora de interactuar conmigo, a tal nivel que terminé conversando sobre otro problema personal que me agobiaba".*

Mi cliente reflexionó explicándome que, aunque ninguna de sus situaciones se solucionó en ese momento, él se sintió agradecido con el empelado, por haberle permitido desahogarse y liberar toda la tensión que llevaba. No solo le sirvió para evitar cometer un grave error en ese establecimiento, sino que además le ayudó a llegar a su hogar en calma y poder afrontar con serenidad su situación personal. Estoy convencido que ese entusiasta funcionario nunca se dio cuenta del milagro que obró en esta persona. Seguramente, para él, sólo estaba cumpliendo con su trabajo, pero definitivamente esos son los resultados que se obtienen cuando amas lo que haces y sientes gratitud y sentido de pertenencia, por la oportunidad de sentirte útil, el lugar donde lo estás sirviendo.

Mi maestro siempre decía:

> *"Cuando actuáis con amor no alcanzáis a dimensionar el bien que hacéis."*

Ahora bien, también puede suceder, que realmente no estés en el lugar correcto y sientas genuinamente el llamado interior a dejar lo que estás haciendo y emprender otros rumbos. En este caso, es importante tener claro que se cerró un ciclo en nuestra vida y es momento de asumir nuevas responsabilidades y reconocer que, tal vez llegó el momento de ejecutar ese sueño, emprender con algún negocio, fundar esa organización social o entregarnos a otras causas. De alguna manera, es el Padre diciendo... ¡ánimo, ya es momento de empezar!

Sin embargo, esta situación funciona igual que el primer caso, la queja y la mala actitud con la que estamos asumiendo nuestra realidad, también obstruye toda posibilidad de promoción o avance hacia un nuevo estado, en nuestra realización personal o encuentro con la misión de vida. La ingratitud nos impide salir por la puerta grande y es muy probable que, si salimos de un lugar o proyecto con la sensación de frustración, enojo o descontento, esa misma energía puede contaminar el terreno del lugar al que lleguemos, repitiendo el mismo resultado de carencia, insatisfacción o falta de conexión con nuestro propósito de vida.

Hace poco conversé con una gran amiga, que me decía que no se sentía lo suficientemente valorada en su trabajo y creía que el salario que se ganaba no compensaba todo lo que había estudiado. Entonces, le pregunté:

- ¿Por qué no renuncias?

- *Cuando encuentre otro trabajo mejor remunerado lo haré – me dijo.*

- *Pero, independientemente de lo que sabes ¿sientes que tu trabajo actual, te está valorizando como profesional?*

- *No entiendo - respondió mi amiga.*

- *Es decir, cuando llegue el momento de irte de esa empresa ¿crees que tu jefe va a intentar persuadirte para que te quedes o simplemente dirán ok, que te vaya bien?*

- *No lo sé, pero sigo sin entender tu punto.*

- *Muy sencillo, ¡Si quieres un mejor salario tienes que convertirte en la persona que se lo merezca!*

*Amiga, Casi todo en la vida funciona con la lógica de los mercados. Existe una gran diferencia entre estar en **¡demanda o en oferta!** Cuando hay muchas existencias de un producto, éste regularmente baja su valor debido a la sobre oferta, pero cuando el* *producto escasea o es difícil de adquirir, su precio aumenta. En el mundo laboral existe una sobre oferta de personal calificado, que estaría dispuesto a hacer lo mismo que tú, hasta por menos valor y seguramente con más entusiasmo que el que hoy le pones a tu trabajo. Es probable que el dueño de la empresa en la que estás, considere la decisión de promoverte o aumentarte el sueldo para no dejarte ir, si considera que eres una de esas personas, difíciles de encontrar. Te aseguro que, si tú decides entregar lo mejor de ti, eso hará que tu trabajo se valorice y te conviertas en la persona que amerite el salario que deseas. Pero si, por el contrario, te desempeñas a menos capacidad de lo que puedes dar, no solo terminará afectando tu confianza y estabilidad laboral, sino que además te hundirás en un espiral de mediocridad y frustración, donde te alejarás cada vez más de conectar con el sentido de tu existencia, ese que sólo aparece cuando trabajamos con amor y gratitud.*

- *Entiendo amigo* - me contestó - *aprenderé a ponerme en demanda. muchas gracias.*

Debemos asumir nuestro presente con la mejor actitud, pues en cada acción por "insignificante" que sea siempre tendremos la posibilidad de aportar al mundo nuestro granito de amor, que tanto necesita. Te comparto ésta hermosa reflexión de la madre Teresa de Calcuta.

EL MUNDO ESTA ENFERMO DE DESAMOR

"Vosotros sois los ojos de Dios... A través de vuestros ojos, mira al prójimo, al desvalido, al enfermo, al necesitado. Vosotros sois los ojos de Dios... Y los ojos de Dios a nadie habrán de clasificar.

Vosotros sois las manos de Dios... Nada es necesario para emplear vuestras manos a su servicio... sólo la fuerza indescriptible del amor.

Vosotros sois los oídos de Dios... Escuchad al afligido. Muchas enfermedades conocen la ciencia, más el mundo está enfermo de desamor. No hay mejor medicina que una caricia. No hay mejor pócima que un abrazo de amor.

Al caminar muchos trechos en esta existencia terrena, pude comprender que hay muchos pobres en el mundo, más no son aquellos que carecen de monedas, de finos techos, ni de lujosas telas. ¡El mundo está pobre de amor!

Hay tantos pobres en el mundo...

¡Son tan pobres, tan pobres!, que poseen tantas cosas... Son tan llenos de miseria... que están tan llenos de cosas... Son tan carentes, tan carentes... que acumulan tantas cosas...

¡El mundo está carente de amor!

No hay nada necesario para servir, sólo vuestros ojos, vuestras manos, vuestras piernas... vuestro corazón.

No hay nada necesario para dar... sólo es necesario dar.

Vosotros hijos del Dios de los cielos... ¡nada necesitáis!... ¡sólo el amor!

Vosotros que queréis honrar a vuestro Padre... ¡no permitáis tristeza!, pues la serenidad y la dicha, son el lenguaje que el Padre traduce como fe.

Cada que hay angustia... ¡te has separado de tu corazón!

Cada que hay temores o enojo... ¡te has separado del corazón!

Todo aquello que no se da... ¡perdido es!

Todo aquello que se guarda, se encadena y se asegura con candados... ¡perdido es!

Todo aquello que se atesora... ¡jamás te pertenecerá!

Todo aquello que se ambiciona... ¡es esquivo!

Todo aquello que persigues... ¡perdido será!

Todo aquello que deseas... ¡jamás llegará!

Todo aquello que ansías con angustia... ¡lejano eternamente a ti, será!

Todo aquello que entregas... ¡será tu pertenencia!

Todo aquello de lo que te despojas... ¡será tu riqueza!

Todo aquello que sirves... ¡será tu alimento!

En la sonrisa del niño que extienda sus manos para recibir vuestro regalo... ¡estará tu mejor regalo!

En el consuelo del afligido, que puedas calmar con tu amor... ¡estará tu paz!

En las sonrisas y en las carcajadas que hagas brotar, a aquellos que, en medio del hambre y la miseria física, sólo pueden llorar... ¡tu mayor júbilo encontrarás!

Cada que destines tus monedas para dar... extrañamente tus monedas regresarán en mayor cantidad.

Cada que tu mano acaricie al enfermo... mágicamente tu salud se fortalecerá.

Todo lo que das... ¡es vuestra riqueza!

Qué nada en vosotros se quede sin dar... porque perdido para siempre será.

Y entre más entregues... más silencioso habrás de volverte. A nadie cuentes cuánto das... a nadie pregones.

Sólo entrega de ti, ¡todo!... ¡todo!

La paz del Dios de las alturas acompañe vuestros corazones, portadores de luz en un mundo de tinieblas. La paz del Señor esté con vosotros... "

Madre Teresa de Calcuta.

Aprender a sintonizar el PROPÓSITO INTERIOR DEL SER, con el PROPÓSITO EXTERIOR DEL HACER, nos permitirá conectar con el verdadero sentido de la existencia y nos conectará con el propósito de otros miles de personas entusiastas en hacer de este mundo, un escenario ideal para llevar a la humanidad al siguiente nivel de conciencia. Esto reitera la importancia de afinar nuestra visión de la vida y aprender a enfrentar el presente, con la exigencia que sugiere este importante reto espiritual.

Si trabajas con amor, siempre te irá bien, aunque las cosas vayan mal,

Si actúas con desamor, siempre te irá mal, aun cuando las cosas vayan bien

Quiero invitarte a que respondas las siguientes preguntas:

- ¿A los cuantos t gustaría morir?
- ¿En qué condiciones?
- ¿En qué lugar?
- ¿Rodeado de qué personas?

Ahora por favor imagina que un miembro de tu familia decide escribir tu biografía. Puede ser alguien que ya conoces o posiblemente alguien que todavía no ha nacido. Imagina a tu pareja, un hijo, nieto, bisnieto, amigo... sólo observa a ese ser humano escribiendo sobre tus logros y legado a todo nivel. ¿Qué dice de ti? ¿Qué significaste para tu familia? ¿Cuáles fueron los principales propósitos en tu vida? ¿cómo quedó tu familia emocional, material y espiritualmente? pero sobre todo ¿cuál fue el más importante legado que dejaste a tu familia y al mundo?

Cuando decidas realizar el ejercicio asegúrate de estar en un lugar en calma, ojalá en soledad para que antes de hacerlo puedas cerrar tus ojos por unos minutos y después de relajarte intentar visualizar a esa persona. Tomarte tu tiempo para conectar con ella ¿Quién es? ¿Cuál es el parentesco? ¿Qué edad tiene? Dejar que lleguen a ti las sensaciones, emociones e imágenes que seguramente dejarás impregnadas en ese ser humano que te amará y deseará escribir sobre ti. Es importante que sientas que tú eres esa persona y cuando estés listo o lista abre tus ojos y empieza a escribir esa biografía.

Recuerda que la carta será escrita en primera persona por el ser que tu elijas. Deja que fluya la escritura sin juzgar nada de lo que llegue a ti. Procura no releer lo que has escrito, espera hasta el final para reflexionar sobre el resultado. Te aseguro que este ejercicio de "escritura libre" ha sido una las herramientas más efectivas en mis talleres de coaching, para ayudar a las personas a conectar con el sentido de tu existencia.

Te deseo un buen ejercicio de visualización y escritura, para que logres conectar con el: *"para qué estoy aquí"*, este será un insumo imprescindible para construir la afirmación de vida, que potenciará tu liderazgo y la forma como impactarás en tu entorno.

Biografía

Hoy ___________________ del año ______ en la ciudad de ___________________
murió mi ___________________________

____
____
____
____
____
____
____
____
____
____
____
____
____
____
____
____
____
____
____
____
____
____
____
____

Espero hayas logrado realizar el ejercicio. Si aún no los has hecho, por favor tómate el tiempo de completarlo, porque además de ayudarte a construir tu afirmación de vida, será un recurso valioso, que te ayudará a fijar el norte de tu proyecto de vida.

Apartes de mi Biografía

Este ejercicio lo hice aproximadamente hace unos 24 años, lo recuerdo muy bien porque todavía no tenía hijos y apenas estábamos con mi ex esposa contemplando la posibilidad de iniciar el proceso de adopción de nuestro hijo.

Recuerdo que cuando hice el ejercicio visualicé a una hermosa adolescente escribiendo la carta. Se encontraba recostada en un árbol viendo una majestuosa cascada en las montañas de alguna región de Colombia. Se trataba de una de mis bisnietas y estaba muy emocionada por hacer la carta.

Aunque no recuerdo exactamente lo que decía la carta original, si tengo presente algunos de los aspectos más relevantes que definitivamente marcaron un derrotero en mi vida

Hoy, 20 de noviembre de 2072 murió mi abuelo Alexander Devia Escobar. Sus últimos días los paso en su casa en las montañas acompañado de sus hijos, nietos y bisnietos, cumpliendo su promesa de vivir más de 100 años.

A pesar de la tristeza porque ya no podré volver a verte y disfrutar de tu esencia pacífica y serena, hoy te despido con la infinita alegría de saber que vuelves a casa, con la certeza del deber cumplido... fuiste un instrumento que Dios puso en la tierra para el servicio de la humanidad...

Siempre admiraré tu gran capacidad para impactar a las personas y lograr llegarles con tanta facilidad, lograste convertirte en un gran orador que viajó por el mundo tocando el alma de las personas, con tus conferencias, talleres y libros, enseñando a todos a vivir mejor...

Me siento muy orgullosa porque fuiste un ser humano que siempre dio un mensaje coherente sobre el amor y la verdad. A todos nos dejaste un legado de transparencia y alegría, pues te caracterizaste por ser un hombre honesto y autentico...

Te amo, nos vemos en el cielo

Tu nieta

Es increíble como este tipo de visualizaciones pueden ayudarte a darle claridad y enfoque a lo que deseas alcanzar en tu vida. Hoy después de 24 años miro hacia atrás y aunque apenas voy a la mitad de esos 100 años, siento que ya he logrado algunas de esas metas; Tengo los tres hijos que siempre soñé y que espero me den varios nietos y bisnietos. He tenido la bendición de dictar mis conferencias y talleres en algunos países, logrando impactar la vida de miles de personas. Aunque mi meta era escribir un libro antes de los cincuenta años, hoy celebro que antes de esa edad estoy terminando mi tercer libro. Pero lo más importante es que desde hace algunos años encontré mi propósito de vida y definitivamente se parece mucho, a lo que descubrí en el ejercicio: Servir a mi PADRE, MADRE, VIDA inspirando a las personas a poner el amor y la verdad como principios para saber vivir.

OCTAVO PASO:

RESIGNIFICAR QUIÉN ERES Y PARA QUÉ ESTÁS AQUÍ

Es claro que nuestros resultados siempre dependerán de las creencias que tengamos sobre nosotros mismos, las demás personas y el mundo que nos rodea. Por lo que las doctrinas religiosas, leyes espirituales o las normas sociales que hemos decidido seguir, se han convertido en los reglones y márgenes sobre las cuales tomamos decisiones y enfrentamos los diferentes dilemas éticos y morales que la vida nos presenta.

Históricamente, la diversidad de creencias ha sido el origen del conflicto en la humanidad. Dependiendo de la ideología, las normas morales cambian, haciendo imposible que exista una unificación de los principios que permitan la armonía y el respeto por las diferencias, al punto que las peores guerras que han agobiado a la humanidad fueron y siguen siendo, en defensa de esas creencias. En muchos casos esas pautas o mandamientos, suelen ser tan rígidos y complejos, que incluso muchos de sus seguidores sucumben ante el cumplimiento de las mismas.

Hoy más que nunca se evidencian claras diferencias entre las doctrinas religiosas y las nuevas directrices de la espiritualidad genuina; la mayoría de las religiones se caracterizan por tener muchas reglas, dividirse o incluso intentar destruir otras creencias, mientras que la verdadera espiritualidad solo tiene como regla el amor y busca siempre la unidad en medio de la división.

Desde que decidí priorizar en mi desarrollo interior, buscando en diferentes fuentes cómo encontrarle sentido a mi existencia, empecé a reconocer que muchas creencias que tenía ancladas sobre mí y el mundo que me rodeaba, no estaban en consonancia con mi nueva visión de futuro. Entre más ahondaba en mi mundo interior más reconocía lo insulso de muchas de las normas y creencias con las que había sido formado, empecé a repeler la forma como las diferentes culturas y sociedades desde sus órdenes jerárquicos han fomentado el miedo, creando leyes y reglas morales, que coartan la libertad y autodeterminación de sus pueblos.

Ésta es la razón por la que me dedico a esta profesión; mi propósito es apoyar a las personas a autodeterminarse, resignificar su vida y experiencias trascendentales, para luego conectar con una filosofía de vida simple y coherente que le permita confiar en su instinto y sabiduría interior, pues estoy convencido que es la fuente más confiable para encontrarse con en el sentido de su propia existencia.

LA LLAVE QUE ABRE LA VENTANA

HACIA EL INFINITO

A un ser en la tierra se le acercó un ángel enviado desde las alturas y le dijo:

- *En esta tu casa, se ha puesto una ventana que, al abrirla, te llevará a la sabiduría infinita.*

- *Una ventana por donde entrará la luz eterna que está en los cielos y se verterá para ti.*

- *Una ventana que te permitirá ver sin fin.*

- *Una ventana a través de la cual, el viento acariciará tu rostro y ese viento será el soplo de Dios.*

- *Una ventana hacia lo infinito y lo perfecto.*

- Una ventana que muestra el camino de la verdad y la vida.

- Al abrir esa ventana, con la llave perfecta que también se ha entregado para ti, no habrá límites, ni fronteras, ni incertidumbre... ¡solo plenitud!

Aquella persona, al entender la gran misión de abrir esa ventana, empezó con desespero, buscando por cada rincón de la casa, la llave para abrir la ventana. Revolvió los papeles, corrió los muebles, levantó los tapetes, bajó las lámparas, quitó capas y capas de pintura sobre las paredes, levantó los pisos, y buscó por toda la casa, con afanes y angustias.

- Mas mi bienamado, tú que entiendes cuál es tu misión, no te afanes ni corras, pues todo tiene su momento y todo tiene su hora. No busques con desesperación, pues te podrías quedar esperando la llave.

Esta persona no encontró la llave en la casa, entonces por otra ventana terrena se asomó a las calles, y decidió salir de la casa y buscar calle tras calle, la llave para abrir la ventana hacia lo infinito.

Al salir de la casa, cerró la puerta, para que nadie pudiese entrar, y encontrar de pronto la llave. Mas torpemente, muy torpemente, salió a buscar afuera, lo que solo puede encontrarse en el interior de la casa. Entonces escribió muchas reglas, tratados de moral y copiando de diferentes sociedades y civilizaciones, cada vez más grandes en intelecto y más pobres en amor, encontró muchas reglas y tratados sobre la moral. Y con cada regla fue construyendo una llave.

Las reglas hablaban de pecados, las reglas hablaban de castigos, las reglas hablaban de prohibiciones. Y prohibiendo todo... ¡tampoco permitían el amor! Muy grande fue la llave construida con las reglas y con la moral. Entonces con tan grande llave se acercó a la casa, más ni siquiera la puerta de entrada a la casa se abrió.

Eran tantas las reglas que hicieron tan grande la llave, y la llave no cabía en la cerradura.

- ¡Es tan sencilla la vida y tan sencilla la verdad! Y en una sola palabra: ¡es solo el amor! Mas te revuelves y pretendes adaptarte a las reglas de los hombres, y pretendes presentar al Dios de las alturas la moral de los hombres, y en tantas civilizaciones terrenas... ¿Dónde está el amor?

- ¿Cuántas reglas tienen los hombres, que se levantan a tomar en sus manos las armas? Una hora exacta para levantarse de su lecho. Un uniforme perfecto. Cada cosa en su lugar. No puede ser diferente su calzado, pues la regla es que su calzado sea, como el calzado de la guerra debe ser.

- Hay reglas para cubrir y reglas para atacar. Hay reglas para acercarse y entre reglas para hacer las trincheras, y con reglas y tratados, se hacen las guerras

Tantas y tantas reglas fabricaron una llave, que solo condujo a esa persona a más encierro y a más cadenas. Porque la llave pesó tanto, que cansado cayó y sobre él, cayó la llave... aprisionando sus sueños, negando a sus alas la oportunidad de volar, callando sus deseos, sus anhelos, sus ilusiones. Apagando la llama de su vida, apagando el vibrar de su cuerpo, apagando su voz, entristeciendo su gesto. Y allí quedó, ¡debajo de su llave de reglas y de moral!

Mucho tiempo después, buscó otra forma de encontrar la llave y empezó a recoger y a atesorar riquezas por todos lados. Buscó monedas de oro, buscó bienes y vendió los bienes. Se sentaba y buscaba sacar a cada quien, hasta el último peso y hasta el último céntimo:

- "Traigo la luz, a cambio de monedas de oro".

Y recogió tantas riquezas, que fabricó la más majestuosa de las llaves. "¡Qué hermosa llave, de esmeraldas y rubíes! ¡Qué hermosa llave de finos diamantes y de oro puro! ¡Qué hermosa llave de abundancia económica!". Y con esa llave, se acercó a la casa, más el metal de la chapa, no reconoció esa llave y se cerró más, porque tantos rubíes y diamantes, no cabían en la chapa.

- *¿Pretendéis que se abran las ventanas al infinito con riquezas?*

¿Pretendéis seguir buscando en riquezas materiales? ¿Pretendéis seguir atesorando y fijando tu valor por tus monedas?

¿Pretendéis seguir vertiendo maldiciones, sobre la carencia económica, mientras se agranda la carencia espiritual, ante la ingratitud?

¿Pretendéis quejarte a tu Padre, porque te faltan monedas?... olvidándote de contar los tesoros, que se vierten para ti.

¿Cuántas monedas necesitas tú, para comprar tu salud y tu vida?

¿Cuántas monedas necesitas tú, para pagar por tus manos, que puedan trabajar?

¿Cuántas monedas necesitas tú reunir, para que tus piernas puedan seguir llevándote, con paso firme en la tierra?

¿Cuántas monedas, cobra tu corazón por cada latido? ¿Cuántas monedas necesitas pagar, por cada gota de sangre, que recorre tus venas?

¿Cuántas monedas necesitas tú entregar al Padre, para que a cambio de esas monedas te entregue luz en tus ojos, para que puedas mirar?

Recuerda muy bien, que solo el día en que puedas agradecer los tesoros que tienes, habrán de multiplicarse las monedas.

Recuerda bien, que solo el día, en que puedas recoger los espinos que sembraste tú, o que permitiste que otro sembrara, podrán multiplicarse las monedas.

Recuerda bien, que si ahora recoges carencia, no es la carencia sembrada por tu Padre.

Recuerda bien, cuáles son las verdaderas riquezas, y agradece las riquezas. Porque si no puedes reconocer las riquezas tan infinitas de Dios ¡cuánta pobreza tienes!... como para recibir monedas terrenas.

Entonces esta persona buscó otra forma... buscó la fama y el reconocimiento. Buscó el aplauso, y buscó la ovación. Buscó que amasen su ego y su presencia. Y a todo aquel que le ovacionaba y le reconocía, le pidió que le entregara su llave.

Recogió cientos, miles, millones de llaves. Y cargado de llaves regresó a la casa, más ninguna de los cientos, miles y millones de llaves, logró abrir la puerta de la casa.

¡Porque cada uno tiene su propia llave! Y no puedes abrir tu ventana hacia el infinito, con la llave de tu prójimo.

Si tu prójimo, tu hermano, tu madre, tu padre terreno o quien sea... no está utilizando su propia llave, no se la arrebates, porque cada uno tiene su llave, y a cada uno le llegará el momento, de usarla, para abrir su ventana al infinito.

¡Ocúpate de tu ventana!... y no busques con otras llaves abrirla.

Muy abatida esta persona, renunció a buscar la llave... ¡Eran tantas las formas! ¡Eran tantos, los intentos fallidos!, que entonces decididamente, empezó a caminar por los valles y campos, buscando encontrar la luz. Mas muy poco trecho había transitado, cuando encontró a una anciana doliente y enferma, entonces levantó a la anciana, y buscó desesperadamente un lugar donde cobijarle, mas no había, no había casas de puertas abiertas. Y esta persona había perdido la llave de su propia casa.

Entregó su calor y su amor a la anciana y siguió avanzando, avanzando hasta que encontró a un niño, carente de guía y carente de luz. Y también cargó al niño y desesperadamente buscó albergue, mas no encontraba albergue, no encontraba casa. Siguió avanzando, y encontró a muchos en oscuridad de conciencia, a todos les cargó y les empezó a entregar su amor.

Siguió avanzando y avanzando, llegó nuevamente a su casa y en humildad aceptó:

- Padre Eterno, yo sé que he perdido la llave de esta casa,

pero te agradezco infinitamente el techo que alcanza a cobijar este portal, y aquí afuera de la casa, bajo este techo, habré de resguardarme con todos aquellos que me necesitan.

Muchos se acercaron con hambre y con sed y les sentó, recostados a la pared y a la puerta de la casa, bajo la sombra del techo. Fue por frutos, agua y les alimentó. Y después se sentó recostado, a la puerta de la casa y les dijo:

- Mi casa es para ustedes, como mi corazón. Este es mi amor y esto es lo que tengo para entregarles.

Al pronunciar estas palabras, las puertas de la casa se abrieron de par en par y los ángeles cantaron, danzaron y le recibieron en la casa. Esta bella alma entró, con todos aquellos que había encontrado para servir y al entrar, lo primero que sus ojos encontraron, fue la más hermosa llave... la llave perfecta, para abrir la ventana al infinito.

"Mis bienamados, solo el servicio y el amor habrán de abrir las puertas. Sólo el servicio y el amor habrán de ser la llave. Podrías buscar en templos, pues el Dios de los cielos dijo: "Construid templos" y la humanidad torpe y

confusa, puso ladrillos sobre ladrillos. Y construyeron templos de diferentes lujos, más el Dios de los cielos vuelve a pedirte que construyas el templo en tu corazón. El servicio y el amor abrirá todas las puertas, en camino hacia el más pleno infinito."

Maestro Jesús

MANOS A LA OBRA ¡INSPÍRATE Y CONSTRUYE TU NUEVA VERDAD!

Este último paso es el propósito esencial de este manual. Deseo de corazón que logres redactar de manera magistral tu nueva afirmación de vida. Que esa visión sea contundente, empoderadora y te impulse a levantarte cada día, con la pasión necesaria, que eleve tu estándar de liderazgo y facilite alcanzar tus objetivos.

Como lo mencioné anteriormente, esta afirmación funcionará como ese nuevo software mental, que nos permitirá resignificar la creencia que tenemos sobre nosotros mismos. Esto es posible, porque nuestra mente está diseñada para adaptarse, reestructurarse o recuperarse de acuerdo a las experiencias y conocimientos que vamos adquiriendo, nuestro cerebro crea conexiones neuronales (sinapsis) que perfectamente pueden potencializarnos para emprender grandes propósitos o, por el contrario, limitar nuestras posibilidades.

Tanto las experiencias que vivimos, como nuestros pensamientos, tienen el mismo efecto a nivel neurológico para nuestro cerebro. Los pensamientos recurrentes sobre un suceso o evento desafortunado, puede pasar de una simple emoción a crear redes neuronales con esas ideas perturbadoras, que generan emociones negativas esporádicas y eventualmente estados emocionales permanentes. Lo que genera un problema, para todo aquel que no tiene el control sobre lo que piensa, pues estará dándole completa libertad al impulso del Ego para que incube en su mente las razones perfectas para sentir ansiedad, angustia o depresión.

Lo anterior, reafirma la importancia de invertir tiempo, para diseñar afirmaciones positivas que nos ayuden a establecer las redes neuronales que sustenten los estados mentales y emocionales, con los que podamos edificar la vida que soñamos. Existen una gran cantidad de libros, videos y blogs que te podrían ayudar a construir afirmaciones para todas las áreas de tu vida, con el objetivo de potenciar la autogestión necesaria que active tus estados mentales expansivos. Sin embargo, el propósito de este libro, es que logres construir una afirmación más robusta e integral, que te permita expandir quién eres realmente y para qué llegaste al mundo.

Te ayudaré a crear un mantra personal, que germine las semillas de tus virtudes de equilibrio, proyectando tus dones, en conexión con el sentido de tu existencia. Aunque ninguna afirmación en sí misma tiene el poder de cambiarte la vida, ésta contendrá los ingredientes estratégicos, que facilitarán la expresión de tu más alto estándar de liderazgo soportado por la luz de la Conciencia y de tu verdadero potencial, incrementando de manera exponencial tus resultados e inspirar a los demás.

Redactar una afirmación de poder como la que te propongo, requiere de mucha paciencia y conexión interior, por lo que será muy importante que saques tiempo para meditar y pedir claridad a tu fuente de sabiduría, pues seguramente tendrás que escribir varias versiones, hasta que la sientas propia y de verdad te identifiques con ella. A continuación, te comparto las claves y características que deberás tener en cuenta para diseñar y redactar tu poderosa afirmación

1. **Empezar con las palabras "YO SOY":** Recuerda que cada vez que expreses esta corta frase, estás invocando a la fuente de creación que reside en tu interior y estás decretando con autoridad sobre ti mismo y tu propio mundo, por lo que es de vital importancia, la forma como inicias tu afirmación. Ten cuenta las siguientes recomendaciones:

- Si tu sientes que deseas reafirmar tu nombre y apellidos, porque quieres generar una buena ancla, aceptando tus orígenes, estará bien que acompañes el "Yo soy" con tu nombre.

- Si sientes que te hace falta reafirmar tu identidad sexual o has experimentado algún tipo de conflicto con tu físico, tal vez quieras reforzarlo escribiendo: "Yo soy una bella mujer" o "Yo soy un hombre..."

- También podría suceder que quieras fortalecer tu esencia espiritual escribiendo: "Yo soy luz...", "Yos Soy Energía divina...", "Yo soy una hija/hijo de Dios..."

En la medida que vayas escribiendo iras encontrando la forma con la que más sintonía sientas.

2. **Incluir tus virtudes de equilibrio.** Garantiza que tu afirmación contenga las

virtudes de equilibrio (revisar el cuarto ejercicio), que se quedaron en el fondo de la maleta y serán las que finalmente armonizarán tu personalidad, permitiéndote impactar de mejor manera tu entorno y optimizar tus resultados. Es muy importante que no incluyas ninguna virtud de origen, recuerda que estas son consecuentes con las virtudes distorsionadas de la máscara.

VIRTUD DE ORIGEN	VIRTUD DISTORSIONADA	VIRTUD DE EQUILIBRIO
TOLERANCIA	PERMISIVIDAD	**LIDERAZGO**
SENCILLEZ	MEDIOCRIDAD	**EXCELENCIA Y VIGOROSIDAD**
APASIONAMIENTO	EXPLOSIVIDAD	**AMOROSIDAD**
ALEGRÍA	IMPRUDENCIA	**CLARIDAD**

3. **Ten en cuenta tus dones.** Tus habilidades naturales son la base fundamental del sentido de tu existencia, esos regalos fueron entregados a ti, para ponerlos al servicio de tus semejantes, facilitar tu recorrido por la vida y conectarte con la alegría de vivir. Busca la manera que, de forma explícita o figurada, tu afirmación

contenga tus dones. Si dominas un arte, ciencia o tienes una profesión puedes incluirlo específicamente o de forma tácita. Ejemplos: "soy un artista exitoso" o "con pasión y creatividad entrego al mundo mi arte"

4. **Tu afirmación debe reflejar el para qué estás aquí. (Misión)** Medita la forma cómo vas a poner en acción tus virtudes de equilibrio y dones. Elige los verbos que usarás para significar, esas acciones que te motivarán a seguir adelante y lograr con entusiasmo darle sentido a tu existencia. Ejemplo: Servir, dar, compartir, formar, enseñar, apoyar, guiar, comunicar, colaborar, construir, inspirar, atraer, sintonizar, resignificar, transformar, perdonar, etc. Ejemplos: "sirviendo con amor y compromiso a la humanidad", "con paciencia, le enseño al mundo a saber amar", "inspirando a los demás, logro todas las metas que me propongo".

5. **No debe incluir palabras o frases con connotación negativa o que limiten tus posibilidades.** Tu afirmación debe redactarse en positivo, enfocándose en lo que deseas y no en lo que quieres evitar. Recuerda que tu inconsciente siempre atraerá, aquello en lo que centres tu atención. Si algo no está llegando a tu vida, es porque tu mente condicionada lo está bloqueando y las palabras que usamos muchas veces limitan la abundancia del universo que está lista para manifestarse. Así que, en tu afirmación no uses palabras como: Algo, un poco, tal vez, podría, no, perder, dejar de, renunciar, desistir, evitar, nunca, jamás, soltar, cerrar, limitar, cortar, destruir, romper... etc.

6. **Redáctala en tiempo presente.** Tu inconsciente carece de sentido cronológico y no reconoce pasado ni futuro, es por esto que si deseas anclar efectivamente una afirmación debes redactarla como si ya estuviese pasando y fuera tu realidad actual.

Te doy un ejemplo de una afirmación simple mal formulada:

- *Yo seré una persona exitosa y feliz que trabajará con firmeza y valentía para que mi familia nunca sufra de carencia económica.*

Como puedes observar toda la afirmación está cargada de una buena intención, sin embargo, está concebida en tiempo futuro (Seré, trabajará) y enfocada en lo negativo (utilizando las palabras nunca y carencia)

Afirmación bien formulada:

Yo soy una persona exitosa y feliz, Trabajo con firmeza y valentía mientras disfruto de la abundancia y prosperidad con mi familia

7. **Poner el toque personal que refleje tu esencia.** Es importante que tu afirmación se nutra de tus creencias, bases espirituales y la esencia que te caracteriza. Deja que fluya tu

inspiración y recúbrela con ese manto de amor, romanticismo o poesía, con la que envuelves tu verdad.

8. **Sintetízala lo más que puedas**, para que puedas aprenderla, recordarla y adoptarla como tu mantra personal.

Imagina que cada una de estas recomendaciones, son fichas de un hermoso rompecabezas, que está esperando a ser descubierto. Sabrás que tu afirmación esta lista, cuando al leerla sientas empoderamiento y confianza en ti mismo. Pues cada vez que aparezca cualquier grieta mental de desconfianza, miedo, debilidad o incredibilidad, tu afirmación será el ancla para volver al presente y reconectarte con la potencialidad pura, que te dará la inspiración para encontrar la solución y afrontar cualquier dificultad. Tu afirmación se convertirá en la llave, que abrirá las puertas a infinitas posibilidades.

A modo de ejemplo, te comparto mi afirmación, que después de escribirla varias veces, finalmente logre descubrir esta maravillosa verdad, que desde hace más de 17 años me repito todos los días, para recordar quién soy y para qué estoy aquí.

VIRTUDES DE EQULIBRIO : Liderazgo, excelencia, amorosidad, claridad, vigorosiad
DONES : Enseñar y conmover a los demás
MISIÓN : Inspirar a los demás a saber vivir
TOQUE PERSONAL : Creo en la verdad, el amor y el maestro Jesús

YO SOY UN LÍDER EXCELENTE

MISIONERO DEL AMOR Y LA VERDAD

CON CLARIDAD, VIGOR Y

DE LA MANO DE MI MAESTRO JÉSUS

LE ENSEÑO AL MUNDO

LO MARAVILLOSO DE SABER VIVIR

Como puedes darte cuenta, la redacción de mi afirmación está en tiempo presente y con palabras positivas. En ella decidí asociar el **"Yo soy"** con las virtudes de **liderazgo y excelencia,** pues consideré que la principal barrera que estaba limitando mi desarrollo personal, era la mediocridad. La palabra **Misionero** me llegó después de una meditación y el toque personal se lo di adjuntándole el **amor y la verdad**, pues además de incluir una de las virtudes de equilibrio, también hago referencia a la esencia de mi trabajo como Coach.

Al principio no sabía cómo conjugar la claridad y el vigor en mi afirmación, hasta que después de escribirla varias veces, llegue a la conclusión, si quería enseñar, necesitaba la ayuda de mi guía espiritual. Y finalmente decidí que **la claridad y el vigor iban de la mano de mi maestro Jesús**. Y finalmente mi Para qué, claramente sentí que era **inspirar a los demás a saber vivir.**

Este es el paso a paso de como logré descubrir mi mantra personal y aunque tener esta referencia puede ayudarte a encontrar una forma de estructurar la tuya, lo más importante es que decidas invertir suficiente tiempo en tu meditación y le pidas a tu fuente de vida, que te permita conectar con la inspiración necesaria para crear un mantra perfecto, que sirva de soporte para gestionar tu vida.

Para facilitar el proceso de construcción, primero te invito a que escribas los componentes de tu afirmación en el siguiente formato.

VIRTUD DE EQUILIBRIO: _______________________

DONES: _______________________

MISIÓN: _______________________

TOQUE PERSONAL: _______________________

Y ahora sí, manos a la obra. Toma una libreta y escribe tu afirmación de diferentes maneras y en distinto orden, hasta que sientas que es la forma perfecta de expresar tu verdadera identidad en esta experiencia terrenal. Si te bloqueas y no te fluyen las ideas, no te presiones, haz una pausa: sal a caminar, medita, duerme, cambia de actividad. Lo importante es que tengas paciencia, disfrutes y ames el proceso.

Recuerda que estás creando un nuevo programa mental que te ayudará a gestionar todos los conflictos, inseguridades y complejos que tu mente controlada por el miedo, ha estado limitando tu verdadero potencial. Cuando tengas la certeza que encontraste tu nueva verdad, por favor en el siguiente espacio escríbela y decórala como tu desees.

COMPROMÉTETE CON INTERIORIZAR TU VERDAD Y PODRÁS LIDERAR EL MUNDO

Interiorizar nuestra verdad, incrementará significativamente las posibilidades para gestionar de mejor manera nuestras relaciones, ya que al comprender cómo funciona la dinámica de la personalidad, desarrollamos la asombrosa habilidad para diferenciar el "pecado" del "pecador". Al reconocer que detrás de cada máscara se esconde un maravilloso ser humano, nuestro criterio se flexibiliza, ayudándonos a percibir la verdad del ser por encima de las actitudes y comportamientos que lo afectan. Afinar esta destreza, nos permitirá expandir nuestro poder personal a través de un liderazgo más justo y humanizado como fundamento para la toma de decisiones y la buena convivencia en nuestros círculos de influencia.

Para alcanzar este poderoso objetivo de interiorización de nuestro mantra, será importante atravesar dos fases: 1. Entrenar nuestra mente para que se familiarice con la afirmación. 2. Poner en práctica tu nueva verdad, tomando consciencia de los momentos en que la vida se confabulará, para llevarla a la acción

En el desarrollo de la primera fase, te recomiendo las siguientes estrategias:

Escríbela en cuanto espacio consideres prudente: como fondo de pantalla de tu celular y de tu laptop, anótala en varios papelitos adhesivos y ponlos en el espejo del baño, en la nevera de tu casa, tu oficina, el vehículo, closet, etc. Esto, con el propósito de acostumbrar a tu cerebro a verla y obligarte a repetirla las veces que más puedas.

Con disciplina, dedícale al menos 25 minutos al día, a repetir cien veces tu afirmación, en una meditación consciente. Te aseguro que, si logras hacerlo de forma continua durante treinta y tres días, tu afirmación de vida se anclará en tu subconsciente, como un poderoso mantra con el que podrás domar el impulso del Ego y evitar que la máscara tome el control, armonizando tus actitudes limitantes y gestionando efectivamente tus relaciones.

La segunda fase consiste en poner en práctica nuestra

afirmación. Así como un atleta de alto rendimiento se ejercita para superar los límites físicos y mentales, con el objetivo de alcanzar nuevas marcas; un líder de alto impacto también debe entrenarse en superar las barreras que suscitan las relaciones interpersonales y le impiden obtener mejores resultados en su gestión.

"Amar a quién nos ama, es fácil. Pero lograr amar a quien no nos ama, es el desafío".

Dirigir, liderar o hacer equipo con personas que concuerden con nuestra forma de ser, actuar y pensar, siempre será cómodo, ya que ponerlos de acuerdo no genera mayor resistencia. Pero intentar liderar o guiar personas que constantemente chocan o confrontan nuestras formas y maneras de pensar, es el verdadero desafío de un líder de alto impacto, sobre todo si esas personas son nuestros padres, hijos, familiares o compañeros del trabajo.

La mayoría de los seres humanos tenemos claro quiénes son las personas o situaciones que más nos retan y marcan el umbral de nuestra capacidad para gestionar efectivamente nuestras relaciones o para mantener la paz interior frente a situaciones que no podemos "controlar". El verdadero desafío para alcanzar nuestro más alto estándar de liderazgo, requiere que tomemos consciencia principalmente de esas relaciones o momentos y nos esforcemos por expandir las <u>virtudes de equilibrio</u> de nuestra afirmación, como una maravillosa oportunidad para reafirmar y consolidar nuestra nueva verdad.

No es una tarea fácil, pero si posible. Lo importante es que puedas identificar los indicadores conductuales que te reafirmen que si estás expandiendo las virtudes de equilibrio de tu afirmación. Por ejemplo, si en tu afirmación tienes la PACIENCIA como una de las virtudes de equilibrio que necesitas expandir y regularmente eres de esas personas que fácilmente pierde el control frente un compañero de trabajo, un familiar o simplemente el tráfico de tu ciudad, entonces es justo en esas situaciones, donde tomarás consciencia de tu mantra y buscarás la manera de poner en práctica esa virtud. Mi sugerencia amorosa es que tomes una respiración profunda, conectes con la luz de tu Conciencia y esfuérzate en escuchar con atención a tu interlocutor o simplemente, decide disfrutar el recorrido mientras sales del tráfico.

De eso se trata tu entrenamiento. Debes establecer cuáles son esos momentos críticos, donde realmente requieras poner en práctica tus virtudes de equilibrio y retarte a ser coherente con tu afirmación. Para lograrlo, es importante que te plantees ciertas acciones concretas y sencillas, que realmente puedas cumplir. Cada vez que des un paso en dirección a consolidar tu afirmación de vida, tu subconsciente la valida como una verdad absoluta. En este sentido, tu experiencia terrena se colmará de instantes milagrosos donde te conectas con tu verdadera esencia, manifestando estados emocionales consecuentes con tus virtudes de equilibrio, que se a su vez atraen, como ley universal de causa y efecto, momentos colmados de amor, paz y felicidad.

No te preocupes por los tropiezos y la falta de control emocional, éstos están presupuestados, pues hacen parte de nuestra naturaleza humana. Lo esencial es reconocer las evidencias sensoriales de nuestros logros y seguir avanzando con determinación hacia esa mejor versión en la que somos capaces de conectar con el otro y liderarlo desde el respeto y la aceptación, como el fundamento para aportar nuestro granito de arena a la construcción de una mejor sociedad.

¡La humanidad implora por verdaderos líderes!, seres humanos conscientes de su verdad y con el firme propósito de expandirla al mundo. Atrévete a sumarte a esa gran masa de verdaderos líderes que utilizan su poder personal en sintonía con la sabiduría interior, como las herramientas para la transformación de sus entornos y el despertar de la humanidad. Recuerda, es imposible liderar sin conectar genuinamente con los demás. Aférrate al poder del amor y siempre ¡**será posible!**

EL PODER DEL AMOR

"Si existe primero el poder, antes de que exista el amor... el poder os destruirá y os hará desdichados y débiles. Mas si existe primero el amor... del amor brotará un poder incalculable.

Si existe primero el poder de vuestros cuerpos, antes que exista el amor ...el poder enfermará vuestros cuerpos. Mas si existe primero el amor... el amor os sanará.

Si existe primero el poder de vuestra mente, antes de que exista el amor... vuestra mente torpemente os mostrará ciudades de papel, como si fuesen reales, y os hará creer las mentiras. Mas si existe primero el amor... el amor abrirá vuestra mente, y vuestra mente abierta os traerá la verdad.

Si existe primero el poder de vuestra creatividad, antes de que exista el amor... vuestra creatividad fabricará cosas efímeras, perecederas... muy perecederas. Vuestra creatividad fabricará mentiras y las mostrará torpemente como verdades. Mas si existe primero el amor... el amor fluirá a través de vuestra creatividad, creando cosas eternas y reales. Y será Dios, quien cree a través vuestro.

Si existe primero el poder de vuestra mirada, antes de que exista el amor ... vuestros ojos os traerán imágenes distorsionadas, y nada de lo que verás será real. Mas si existe primero el amor... el amor fluirá por vuestros ojos dándoos visión, y la visión les mostrará lo invisible, y podréis ver los rostros invisibles y los mundos invisibles. Y será Dios quien mire a través vuestro.

Si existe el poder de vuestro oído, antes de que exista el amor... vuestro oído os traerá cosas falsas y os confundirá. Y todo lo que vuestro oído traiga llegará distorsionado a vos. Mas si existe primero el amor... el amor fluirá a través de vuestro oído y os permitirá escuchar la corriente del sonido y escucharás lo insonoro, y la música de las voces que se silenciaron será deleite para vos. Escucharás el silencio. Y será Dios quien escucha a través vuestro.

Y si existe el poder de la garganta, antes de que exista el amor... vuestra garganta hablará falsedades y mentiras, y esas mentiras tendrán fuerza, mucha fuerza, cuando se devuelvan para azotaros a vos... más si existe primero el amor... el amor fluirá a través de vuestra garganta y serás mensaje para el mundo. Y será Dios quién hable a través vuestro.

Y si existe primero el poder de la palabra, antes de que exista el amor... vuestra palabra saldrá hueca, rechinante y carente. Mas si existe primero el amor... vuestra palabra será verbo, y el verbo se hará carne.

Y si existe primero el poder de vuestras manos, antes de que exista el amor... vuestras manos serán torpes y dañinas, y ni siquiera quedará bien hecha la letra con que escribáis el libro de vuestra vida. Mas si existe primero el amor... todo lo que vuestras manos toquen cobrará vida.

Y si existe primero el poder de vuestras entrañas, antes de que exista el amor... vuestras entrañas serán cuna de ira, agresividad y soberbia, y os hará esclavo de vuestras propias emociones. Mas si existe primero el amor... vuestras entrañas serán energía, perseverancia, ímpetu y valor, para caminar muchos senderos, llevando vuestras redes de pesca.

Y si existe primero el poder de convicción, antes de que exista el amor, convencerás a algunos por tiempos pasajeros, más luego descubrirán que les engañáis y se volverán contra vos, para cobraros la confusión. Mas si existe primero el amor... vuestro poder de convicción os hará guías, misioneros guías, para cambiar el mundo, y despertar conciencias al amor.

Y si existe primero el poder de la religión, antes de que exista el amor... la religión os hará mentirosos e hipócritas, como los sacerdotes que inflan sus arcas con la manipulación. Mas si existe primero el amor... el amor será vuestra única religión y os hará fuertes para librar al mundo de las cárceles de las religiones, que existen antes del amor.

Y si existe primero el poder de influir, antes de que exista el amor... vuestra influencia será una farsa, y os traerá desgracia y desdicha. Mas si existe primero el amor... vuestra influencia os hará poderosos y por donde caminéis brotarán los frutos. Y por esos frutos seréis reconocidos y encontrareis en esos frutos el misterio de la vida.

Y si existe primero el poder, antes de que existáis vos... os daréis cuenta que el amor no existe en vos, y que *vos no existís tampoco. Mas si existe primero el amor... el amor os revelará que existís eternamente y que todos aquellos que en vida terrena despedisteis existen eternamente con vos.*

Y vos seréis quien elija lo que habrá de ser primero".

Maestro Jesús

www.ingramcontent.com/pod-product-compliance
Lightning Source LLC
LaVergne TN
LVHW041501170726
843492LV00005B/1320